单兵作战技能手册

邓敏 .... 编著

COMBAT SKILL
MANUAL
OF THE SOLDIER

台海出版社

图书在版编目（CIP）数据

单兵作战技能手册 / 邓敏编著 . –– 北京：台海出版社, 2019.6
ISBN 978-7-5168-2364-4

Ⅰ . ①单… Ⅱ . ①邓… Ⅲ . ①单兵 - 独立作战 - 手册
Ⅳ . ① E83-62

中国版本图书馆 CIP 数据核字 (2019) 第 098860 号

单兵作战技能手册

著　　者：邓　敏

责任编辑：武　波　童媛媛　　　　　　策划制作：指文文化
视觉设计：王　星　　　　　　　　　　责任印制：蔡　旭

出版发行：台海出版社
地　　址：北京市东城区景山东街 20 号　　邮政编码：100009
电　　话：010 - 64041652（发行，邮购）
传　　真：010 - 84045799（总编室）
网　　址：www.taimeng.org.cn/thcbs/default.htm
E - mail：thcbs@126.com

经　　销：全国各地新华书店
印　　刷：重庆共创印务有限公司
本书如有破损、缺页、装订错误，请与本社联系调换

开　　本：787mm×1092mm　　　　　　1/16
字　　数：280 千　　　　　　　　　　印　　张：19
版　　次：2019 年 6 月第 1 版　　　　印　　次：2019 年 6 月第 1 次印刷
书　　号：ISBN 978-7-5168-2364-4

定　　价：99.80 元

版权所有　翻印必究

前言

　　本书内容源于美国陆军部陆军司令部（HEADQUARTERS DEPARTMENT OF THE ARMY）颁布的作战训练条例和美国陆军步兵学校（US Army Infantry School，本宁堡步兵学校）的训练指南。

　　在战场上，指挥者必须成功地鼓舞和激发士兵的斗志，同时士兵们也必须掌握作战技能和战场生存技能。因为任何一场战争的胜利并不仅仅是依赖先进的武器和机械，更是取决于使用这些设备的士兵。如果一支军队没有士气勃发、训练有素的士兵，即使它的武器再精良也无法获胜。这本作战手册讲述了士兵应该具有的作战技能，这些技能将保证他们在战场上生存下来。任何军种的每一位士兵必须掌握手册中描述的这些基本技能。

目录

第 1 章

掩体、隐蔽及伪装

战场环境下，暴露自身位置是极为危险的，特别是暴露在敌方目视范围之内，这将直接招致敌方的攻击。因此，一名合格的士兵必须懂得基本的隐蔽伪装原则和实施方式，减少被敌军发现的概率，以及被发现后降低敌军火力对你造成伤害的程度。本章将就如何准备掩体和实施隐蔽伪装提供原则指导。

关键词: 掩体 隐蔽 伪装

掩体

在战场环境下，士兵应该尽可能地在有掩体物的情况下运动，充分利用一切有助于隐蔽和抵御敌方火力的自然环境和障碍物，任何直接暴露在敌方火力下的举动都是极其危险的。

▲ 战斗中对步兵最直接的威胁是直瞄火力，因此在战场上的运动应尽量依托掩体物进行。若遭遇12.7毫米口径以上的大口径速射武器的攻击，应充分考虑掩体物的强度。通常情况下，普通掩体物无法抵御大口径速射武器的攻击。此外，炮击等间接火力对步兵也极具威胁，特别是执行步兵支援任务的迫击炮。

▲ 只要条件允许，就应该对天然掩体进行加固、修整，甚至将其构筑成防御阵地。阵地的构筑参见后文。

应该尽量选择坚固有效的战场掩体物，它们可让士兵免受子弹、弹片、火焰、核武器以及生物化学武器的伤害。虽然在实际情况中，完美的掩体物是很少见的，但至少要能对普通枪弹具有一定的防御作用。

要充分利用战场环境中的掩体物（如树木、木桩、洞穴、石头、弹坑、墙体、沟壑和战壕等），即便是一个小坑或土地隆起，都能为士兵提供一定的防护。但要注意，士兵应对掩体物强度有一定的认识，有些物体只能隐藏你的身体轮廓，不能提供抵御枪弹的能力。比如步枪弹头能轻易贯穿普通轿车车身（只能以发动机所在的位置为掩体物），普通空心砖的墙体无法提供有效的防御，门窗桌椅等家具同样不具备防御能力，灌木丛只能隐藏你的轮廓……对掩体物的判断和选定要果断、迅速，特别是在面对火力压力的情况下，慌不择路，错误选择行进路线和掩体物，都会让你成为被猎杀的对象。

在进攻或移动时，士兵要知道敌人在哪里或可能在哪里，然后选择自己和敌军之间有掩体物的路线，如沟壑、林地、墙体和斜坡等敌军不易发现或攻击的地点，并且行进间要随时做好抵近猛烈射击的准备，因为敌人看不到你，就意味着你对敌人的动向也不完全了解，有可能会遗漏近在咫尺的敌人。

士兵要尽量避免出现在空旷地带、山顶和山脊上。若在被迫通过开阔地域时，遭到猛烈火力攻击，且无法继续推进，士兵应立刻实施近迫作业（即逼近敌人时在敌火力下构筑掩体的行动，通常在人员接敌运动中通过开阔地，受敌火威胁，需要做短暂停留时实施）。此时的作业姿势要低、动作要快，通常应采用低姿匍匐姿态，使用工兵铲并配合手脚（手推脚蹬）在松软地面进行掩体挖掘。与此同时，士兵还要不断观察，随时准备战斗与前进。近迫作业必须在短时间内完成，一般训练有素的士兵能在五分钟内构筑一个单人掩体，八分钟内构筑一个机枪或火箭筒双人掩体。近迫作业一般采取人工作业，对于硬化土层，可使用专用掩体爆破器材。通常，士兵应先构筑卧射掩体，在需要时再加

▲战场环境下，行军应该依托山沟、洼地等掩蔽环境行进，要做好战斗准备，以应对突发情况。

深为跪射或立射掩体。情况需要时，可用堑壕、交通壕将掩体连接，分队近迫作业时，需指派值班火力掩护。

隐蔽

隐蔽是指士兵通过一些方式和手段，在一定时间内不被敌军察觉，为随后展开的行动提供必要的准备。隐蔽场所并不能为士兵提供有效的防御，不要误认为有了隐蔽处就可以躲过敌军的射击，在战场的压力环境下，缺乏经验的士兵有时会忽视隐蔽物和掩体物的区别。

天然的隐蔽物包括灌木丛、草丛、树林和树荫等，尽量不要破坏自然的隐蔽物，在隐蔽的同时保持它本身的自然形态。人造隐蔽物包括迷彩服、伪装网、面部油彩以及一些经过人工修整加工的天然材料。人造隐蔽物必须要与当地地形融为一体。为了实现隐蔽，必须对灯火、声音和行动等实施管制，并使用伪装手段。

▲ 不管是对单兵，还是对一支队伍而言，树林都是不错的隐蔽环境。隐蔽阵地的运用有助于士兵躲开敌军的搜索和警戒，达成攻击发起时的突然性。但要注意隐蔽物、隐蔽阵地与掩体物、防御阵地的不同，缺乏训练，而过于慌乱的士兵时常会出现依托隐蔽物进行持续射击的情况，这将带来致命的后果。

灯火管制是指夜晚时对发光物使用的控制，例如不能在空旷地带吸烟，禁止走动时打开手电筒，不能随意打开车灯，等等。声音管制要求士兵所发出的声响不能被敌军察觉，在交流时尽可能使用无声方式（如手语）。行动管制是指除非必须，尽可能不要在阵地上四处走动，尽量不要选择没有掩体和隐蔽的路线。

在防御时，尽量给阵地做好伪装，禁止四处走动；进攻时，士兵需要利用伪装隐藏自己和随身装备，同时选择在树林或有利于隐蔽的地形中行进。记住：黑暗并不能保护你在防御或进攻时不被敌军发现，因为敌人可以通过夜视装置发现你的踪迹。

伪装

在战争中，伪装是指用来改变人、器材、阵地外表的一切物品，天然材料和人工材料都能实现伪装的目的。

战场环境下士兵需要经常更换或改善你的伪装，其时间间隔取决于周边环境的变化、天气情况和使用的材料。你所使用的伪装物应该和周围环境相协调，在连续长距离奔袭作战时，容易忽视这个问题；天然植物构成的伪装，受天气的影响比较大，容易出现枯萎、变色、落叶等情况……当伪装效果与周边环境差别过大时，不但起不到伪装作用，甚至还会带来负面效果。

伪装注意事项

●肢体动作容易导致暴露，做手势或走动能够被远处的敌军轻易发现。因此，在防御时，要尽可能压低身体，避免不必要的动作，必须移动时，要尽量采用匍匐或低姿移动；进攻时，要选择有掩体物或隐蔽物的路线，尽量放低身体行进。

●阵地的构建要巧妙，尽量选择有掩体物和隐蔽物的区域，并建在山的一侧，远离道路的交汇处和独栋建筑物，避免建在空旷地带。

●无论从地面还是空中观察，轮廓和影子都能泄露阵地和装备的位置。利用伪装可以改善这个问题，伪装的最重要的原则便是模糊轮廓和外部特征。因此，尽可能在阴影中进行作业或运动。

正面隐蔽物

射击口

▲ 建于坡地上带有掩体和隐蔽物的阵地。

▲ 树荫是常见的隐蔽处，阳光和树荫带来的高反差，可以带来不错的隐蔽效果。

▲ 在涂抹面部迷彩油时，应该相互检查，避免遗漏，比如需要检查闭眼时的眼皮、耳朵背面、脖子等部位。

●发光也能吸引敌人的注意力。在夜晚，暴露你的位置的光源可能来自燃烧的香烟和手电筒；在白天，暴露你的位置的光源也许来自一些发光表面的反射，例如：油腻的齿轮零件、磨得光亮的旧头盔、不适宜的防风镜、手表表面、表带以及满是汗水的裸露皮肤。因此除了严格执行夜间灯火管制外，士兵还必须身着迷彩服，并且在暴露的皮肤上涂迷彩油彩以减弱反光和模糊轮廓。同时也需要在装备和车辆的表面涂迷彩油漆或者挂上伪装网，应急情况下可使用泥土等其他代替物。需要注意的是，在核攻击中，涂抹了油彩的皮肤会比裸露的皮肤吸收更多的有害物质。

●轮廓和形状是眼睛识别物体的主要信息来源。头盔和人体的外形是非常容易识别的，因此要使用伪装来打破事物的固有外形轮廓，使其与周围环境融为一体，但也不要做得太过头。

▲ 对头盔进行伪装是基本要求，因为自然环境中很少有类似头盔这种外观轮廓的自然物。

▲ 雪地环境下，必须进行伪装，高反差的环境下，会让任何不协调的颜色、轮廓都变得更加醒目。

▲分散的行进、部署，不但利于伪装，也利于应付突如其来的攻击。

　　●如果你的肤色、军装、装备的颜色与背景色反差明显，将很容易被敌军发现。比如在雪地上绿色的军装就容易辨识，因此务必使你自身和随身的装备与周围环境相协调。

　　●兵力分散是指士兵、车辆和武器设备分散在一广阔区域。集结在一起的士兵容易被发现，因此要尽量分散开。士兵之间的距离要根据作战地形、能见度和敌军的位置而相应调整，通常由指挥官制定要求或遵循部队标准操作规定。

伪装实施

　　在伪装之前先研究作战区域的地形和植被，然后选择最适合的材料。在由一个区域行进到另一区域时，根据需要来更换伪装，使其最大限度与环境相协调。

▲ 不同的作战任务对伪装的要求不同，狙击等特种作战任务对伪装的要求极高，而普通步兵则只需要达到基本的伪装要求，能够应付较远距离的概略观察即可。

●阵地伪装：在构建好阵地后，必须对阵地本身以及修建时产生的泥土进行处理，在自然条件下，新翻出的泥土极为醒目。在构建之初，应尽量将地表5厘米左右的植被层保留，将挖出的泥土用来完善阵地前沿、侧翼、后方，最后将植被层重新覆盖在泥土上，多余的泥土应该运送到后方，远离阵地所在位置。同时，阵地中的洞穴口也必须进行伪装，否则容易被空中侦察设备发现。

不要过分伪装。过分的伪装可能泄露阵地的位置，伪装材料的取材地点，不要距离阵地太近且过于集中。否则，当某个区域的植被被大量砍伐后，邻近的阵地也容易被暴露。阵地的伪装一定要有耐心，任何的疏忽大意都可能导致致命后果。

不要将发光物和浅色系物体随地放置，要将油腻的工具箱、镜子和装食物

▲ 在条件允许的情况下，应该尽量完善阵地的伪装，并根据情况即时替换不合时宜的伪装物，并尽量减少人工制品遗留在地面。

的容器、白色的内衣裤和毛巾隐藏好。在空旷地带，裸露的皮肤非常醒目，所以战场环境下不得赤身裸体或将袖子挽得过高。野外生火时，火光容易被看到，烟尘也容易被敌军嗅到，因此必须保持谨慎。在行动后，需要掩盖踪迹和任何可能暴露自己的痕迹。

当阵地的伪装完成后，需要在距离阵地35米的前沿从可能的接敌方向审视该阵地，并且最好定期审视。阵地看起来是否自然，伪装是否有效，都是审视的重点。

●头盔伪装：用发放的头盔迷彩布套伪装头盔，也可使用布片对其进行伪装，务必使伪装物与战场环境相协调。另外，还可以将草、树叶或树枝用伪装带、伪装绳、麻布条、橡胶带捆绑在头盔上，达到伪装目的。如果无法获得上述材料，也可用稀泥不规则地涂抹于头盔上。

●军服伪装：尽管大部分军装已经具有伪装功能，但是依然可以再添加一些伪装物使其更好地与环境融为一体，例如可将草、树叶、小树枝或者泥土附着在军装上，并且尽可能穿旧军服。过于干净整洁的军服，不利于伪装。需要注意的是，过多的伪装反而会引起注意，因此切忌在身上捆扎过多的伪装物。

▲ 应尽可能清除遗留下来的痕迹，使用树枝来清除地面遗留的足迹是一个不错的选择。

▲ 捆扎有伪装物的头盔比普通头盔具有更好的伪装效果。

在雪地作战时，穿着白色战斗服，如果没有，可使用白色的布料。

●皮肤的伪装：裸露的皮肤会反射光线并引起敌人的注意。即使是黑色的皮肤，也会因为自然分泌的油脂，造成反光。当士兵对皮肤进行伪装时，可与战友互相协助。根据环境情况，选用两种颜色的油彩不规则地涂抹。有光泽的部位，如前额、颧骨、鼻子、耳朵和下巴，可用深色涂抹；阴影部位，如眼睛四周、鼻子下面和脖子，可用浅色伪装。与面部的情况相同，颈后裸露的皮肤、胳膊和手部，也要涂抹伪装油彩。如果需要用手语交流，手掌一般不需进行伪装。此外，身体上不能佩戴任何能够引起反光的饰品。

当没有伪装油彩时，可使用木炭、植物茎秆浆汁、锅底灰和泥土等物品来替代。

▲ 左：沙色、浅土色、浅绿色迷彩油适用于沙漠和干旱地区。
中：深土色迷彩油适用于雪地。
右：深土色和浅绿色迷彩油适用于植被茂密区域。

	肤色	突出部位	阴影部位
伪装材质	浅色或黑色	前额、颧骨、鼻子、耳朵和下巴	眼周、鼻下和下巴以下
深土色和浅绿油彩	绿色植被区域作战的所有士兵	深土色	浅绿
沙色和浅绿油彩	非绿色植被区域作战的所有士兵	浅绿色	沙色
深土色和白色油彩	雪地作战的所有士兵	深土色	白色
锅底灰	没有伪装油彩的所有士兵	使用	不使用
浅色泥土	没有伪装油彩的所有士兵	不使用	使用

第 2 章

阵地

阵地是军队作战的重要依托。构筑阵地的基本原则是：能分散且隐蔽地配置兵力和装备，便于指挥、观察、机动和展开火力。阵地一般都构筑有掩体、设置有障碍物，以及进行过必要的伪装。有些阵地还会根据地形构筑坑道和地道等永备工事，并设有战斗和生活所需的相关设施。本章主要介绍单兵阵地——在战场环境下，任务的类型和时间的多少基本上决定了士兵能够修建出什么样的阵地，但不管条件如何，士兵所构筑的阵地必须包含"能开火射击"和"保护我方士兵不被发现或者能够抵御直接或间接火力攻击"这两个特性。

关键词：掩体 隐蔽 开火的区域和战场 如何修建阵地

掩体壕

阵地架空覆盖物

侧后掩体

向正面射击

向侧面射击

匍匐沟

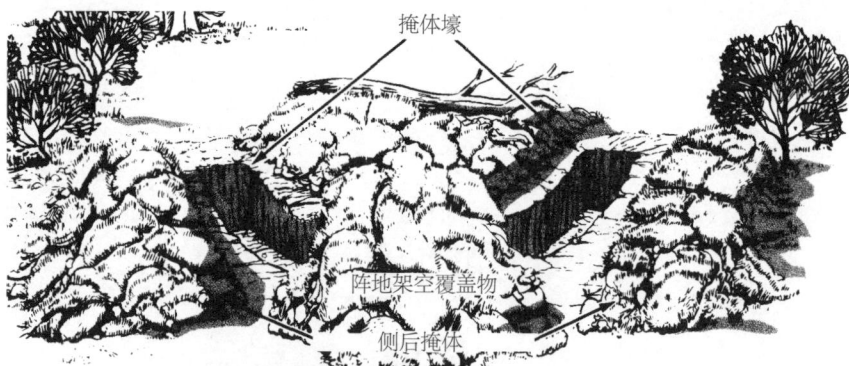

▲ 阵地必须保证士兵在受到前方直瞄火力压制时，能够在阵地正面掩体的保护下以45°角进行射击。并且，掩体要能遮挡枪口位置，因为敌人的直瞄压制火力射击路径，不会同士兵攻击路径完全一致。因此，遮挡枪口位置有助于士兵在对敌人进行持续射击的情况下，减小被敌方直瞄压制火力所击中的概率。

阵地掩体

阵地的掩体必须非常坚固，既要能抵御步枪的火力，又要能抵御飞溅的弹片，还要能抵御爆炸产生的冲击波。阵地的正面掩体最好使用天然的材料，诸如粗壮的树干、原木和大石块等，这不易引起敌人的注意。如果没有合适的天然掩体材料，士兵可将挖掘掩体时得到的泥土装入沙袋中。（当沙袋充分吸收水分后，其抗穿透能力和抗冲击波能力都会得到极大提高。）

阵地掩体基本要求：

● 足够厚，至少有 46 厘米（18 英寸）的夯实积土层，以抵御轻武器火力。

● 足够高，能够为射击状态下的士兵的头部提供保护。

● 足够空间，掩体的空间要足够手脚伸展，以利于扩大射击扇面。

● 足够长，掩体的掩护范围要广，确保当士兵以 45° 角射击时掩体亦能提供保护，并隐藏枪口（这一点尤为重要）。

为了抵御包括核武器在内的武器所造成的攻击，实现全方位保护，士兵在阵地的构筑中还要修建架空的顶部覆盖物、侧翼及后方掩体，以此抵御来自阵地上方、侧翼和后方的间接火力攻击。另外，为了保证士兵进出阵地时不被敌军发现，士兵应尽量在掩体后方的匍匐区域内活动。

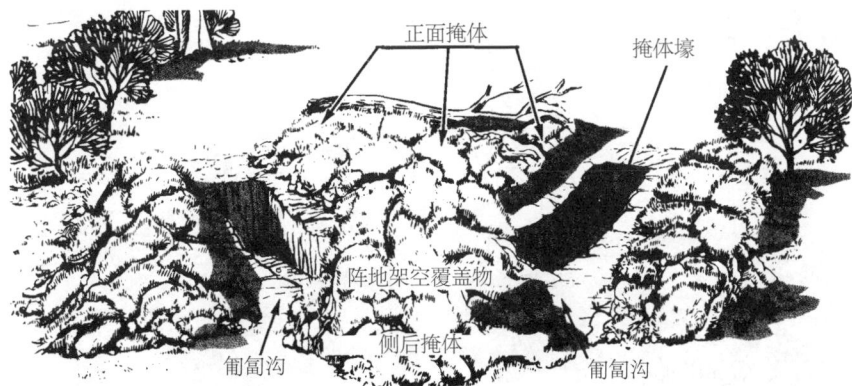

▲ 一个完整的防御阵地，应带有全方位掩体和匍匐沟。

为了提升核弹攻击之下的幸存概率，士兵在构筑阵地时必须通晓以下这些常识：

- 圆弧形掩体物比矩形掩体物更能抵御冲击波，同时也更易于修建。
- 狭窄的阵地入口更能抵御辐射。阵地上的大部分放射性尘埃是通过入口滞留在阵地内的。
- 阵地挖掘得越深，土层越厚，抵挡核辐射的能力就越强。
- 四肢蜷曲有助于减少进入身体的核辐射剂量。
- 深色且粗糙的表面能在一定程度上削弱核辐射通过反射带来的伤害。

阵地隐蔽

为了不让敌军发现，士兵必须对阵地进行必要的伪装。

阵地应该尽量保持天然风貌——天然风貌带来的隐蔽效果比人工伪装的效果更好，原因在于天然隐蔽易于改造、不易引起敌军注意、无须回收。

在挖掘阵地时，士兵应尽量不破坏周围的天然隐蔽——把挖掘的积土置于阵地后方，并进行伪装；尽量使用无须回收的伪装材料；阵地的伪装效果应看上去和环境相融洽。

阵地要能躲开敌军在空中和地面的侦察。如阵地是修建在树下或灌木丛中

▼从空中基本无法发现树下隐蔽的阵地。

的，则不容易被敌军俯瞰时发现。将树叶、草或草秆铺设在战壕表面，能够减少新翻泥土与周围环境的反差。切忌使用树枝作为伪装物，树枝可能会使敌军投掷的手榴弹无法滚入避雷槽中。

在被迫使用人造隐蔽物前，士兵必须仔细确认其与周围环境的融合度。

阵地射界

射界是指射击武器不变动发射位置时，能射击到的范围。射界的大小通常取决于武器本身的性能和地形、地物情况。射界分为高低射击与方向射界。在防御体系中，各个阵地都有自己的射界范围。当指挥官划定射界时，通常他会分别划定主射界和次射界的范围——主射界大致是阵地左右各45°角方向上的

▼ 通常情况下射击阵地的射界安排。

▼ 战斗爆发前，士兵应尽可能清理射界。若射界来不及清理并致使战斗受阻，应进行火力清扫。

▲ 射界的前缘应该在武器的有效杀伤范围之内，不切实际的射界安排，只能导致战斗计划的混乱甚至是失败。图中左侧士兵正向主射界内的敌人射击，右侧士兵正向次射界内的敌人射击，不管敌人压制火力和步兵攻击路线如何选择，此类阵地均可找到适当的反击方式。

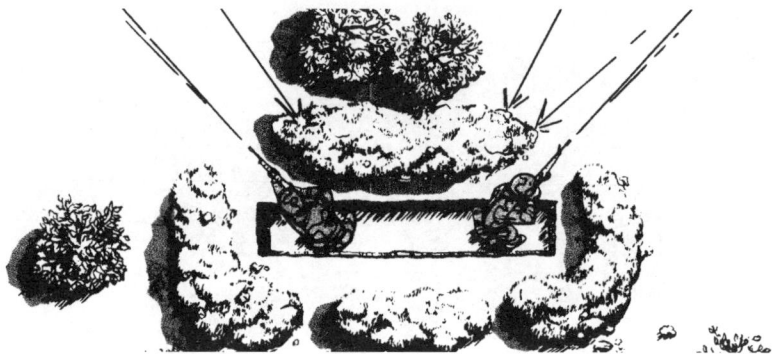

▲ 位于左右各45°角位置上的射界可以让士兵出其不意地攻击到敌人，同时保证士兵能与相邻阵地相互支援，构成交叉火力网，对敌方的攻击造成最大的火力封锁和压制。

一个扇面，次射界通常为阵地正面。

为了在射界内有效实施瞄准和射击，士兵必须要清理射界范围内的障碍物和植被，这被称为扫清射界。清理射界要做到以下几点：

●不要因为粗心和过分清扫而暴露阵地。

●在树木稀疏的区域，将大树的低矮枝条剪除。

●只有当低矮灌木丛干扰到视线时，才可以将之清除。

● 将剪除的枝条、树叶和杂草清理干净，以防被故军发现。

● 用泥土或雪覆盖阵地前方树木和灌木木桩。

● 不要留下任何可能会被敌人察觉的痕迹。

阵地构筑

简易阵地

简易阵地是因时间有限而构筑的应急阵地。战场环境下，只要条件允许，士兵就应该构筑并尽可能完善阵地。

在紧急情况下，士兵构筑的简易阵地其正面至少要拥有一定强度的掩体物，并确保阵地正面能够承受轻武器的火力。同时，这个掩体要能保证士兵在对正面和两侧 45° 方向的射击动作不受影响。

在阵地掩体物的构筑上，士兵应充分利用天然掩体物，诸如天然洞穴、沟渠、弹坑、巨石、大树根部、建筑物残骸、装甲车辆残骸等。如果没有，那么士兵在构筑时至少要用碎石或泥土堆一个斜坡面，并且至少挖掘半米深（约 18 到 20 英寸）的掩体壕。掩体壕的长度至少要保证士兵能够以卧姿的方式进行

▲ 典型的单兵简易应急阵地。

射击或躲避火力，其后部应有缓坡状的匍匐沟，以方便士兵进出阵地。此外，挖掘掩体壕时得到的积土可用来构筑阵地周围的掩体，尽量夯实并保持湿润。

双人阵地

在防御作战时，双人的射击阵地通常运用得较多——总体来说，双人阵地有着较高的作战效能。

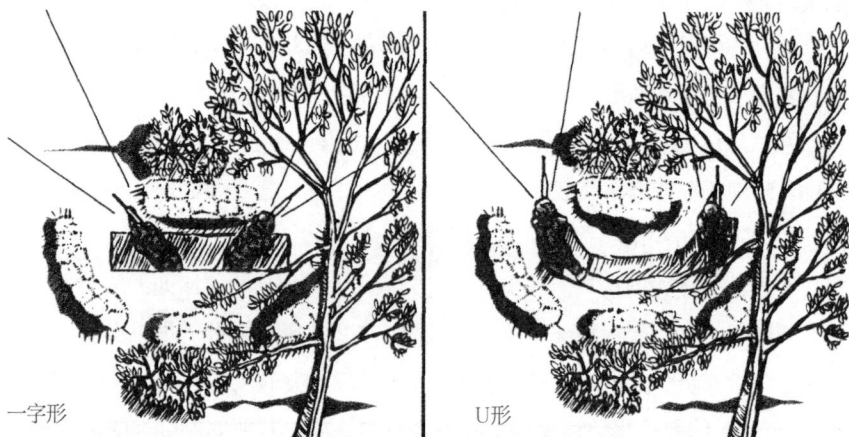

一字形

U形

▲一字形掩体壕阵地与U形掩体壕阵地。

▲U形掩体壕阵地作战示意。

双人阵地掩体壕不应被挖得过于宽大——掩体壕越大，炮弹、手榴弹和空中爆炸物的弹片越容易飞入壕内，但也不能过小，否则在激战时，士兵将无法正常作战。

在正面掩体后的双人掩体壕可为一字形，其长度至少要满足两名士兵同时作业。除了一字型，双人掩体壕也可沿着正面掩体修建成U形，U型掩体壕能够给士兵更好的保护，即便有炮弹或手榴弹落入掩体壕一侧，弹片也不容易伤及另一侧的士兵。此外，U形掩体壕拥有更好的观察视野和更宽的射击扇面，更利于士兵兼顾对正面目标和侧面目标的射击，并且U形掩体壕中部的抗打击能力更强。当遭遇直瞄火力猛烈压制时，士兵应该退到正面掩体后方躲避。不管是一字形掩体壕，还是U形掩体壕，除了正面掩体物外，士兵都应沿着两侧和后方构筑掩体物，并留下方便进出的阵地出入口和匍匐沟。

陡坡阵地掩体

修建在陡坡上的标准一字形掩体壕受到高低方向界的影响，无法保证士兵能以正常且相对安全的姿态射击，迫使士兵必须完全站立射击，甚至上身向掩体外探出，这将使得士兵身体过多地暴露在敌人火力之下。为了避免这一危险状况的发生，士兵应在陡坡上的掩体壕两端挖设射击口，两个射击口之间的土层可充当正面掩体的掩护功能。

▲ 陡坡对标准掩体壕的负面影响剖面示意图。

▲ 陡坡掩体壕阵地的射击口，在不过多影响正面掩体强度的条件下，尽量取得更宽的左右射击扇面和向下的射击角度。

阵地掩体壕尺寸

阵地掩体壕的深度应挖至士兵的腋窝处，这样既可以减少身体的暴露，还能保证射击的便利和有效。双人掩体壕长度不少于两把 M16 步枪的长度之和（U 形壕为一端到另一端直线距离不少于两把步枪的长度之和），掩体壕宽度为两把刺刀长度之和。

▲ 双人掩体壕深度示意图。

在掩体壕与正面掩体之间，要留出一定空间作为射击时放置肘部的平台。士兵可以在平台上凿一些肘孔，以便在射击时固定肘部，提高射击的准确性。

阵地掩体壕射击台

如果士兵和战友使用的是机枪或大后坐力的武器，最好在掩体壕与正面掩体之间预留的平台上挖掘小壕沟用来固定武器脚架。

▲ 对掩体壕与正面掩体物之间的平台的仔细处理，有助于士兵提高射击的效能和延缓作战的疲劳度。

阵地射界标和瞄准标

为了界定射界，指挥官需要在阵地中钉入射界标，射界标的使用可以防止士兵误向友军阵地开火的事故发生。通常情况下，长约 46 厘米（18 英寸）的树枝很适合作射界标。射界标必须牢固且足够醒目以保证士兵的射击不会射离射界。

在夜晚或其他视线受阻的情况下，指挥官在阵地上钉入瞄准标，将有助于士兵随时对已经标定的危险目标方向做出反应，且能提高射击精度。一般情况下，30 厘米（约 12 英寸）长的树杈非常适合用作瞄准标。将一个瞄准标钉在

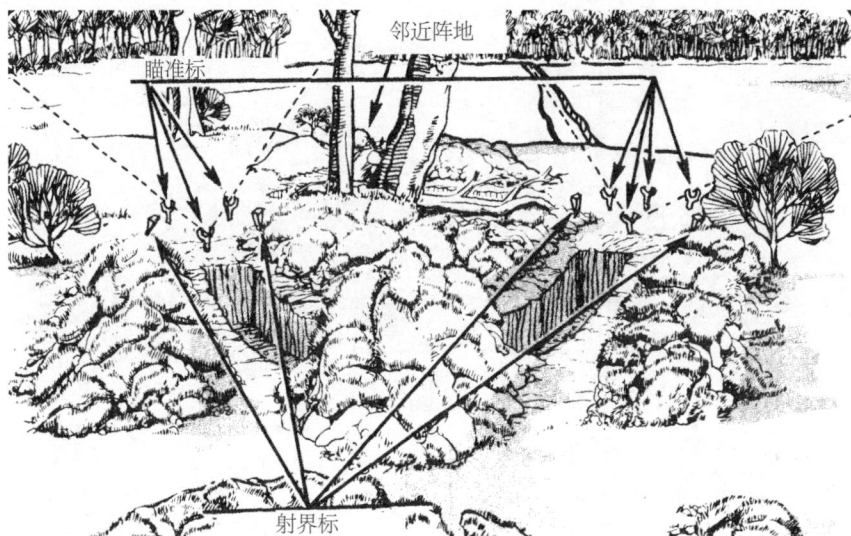

邻近阵地

瞄准标

射界标

▲ 射界标和瞄准标布置示意图。

掩体壕附近用以放置枪托，将第二个瞄准标沿着预定的目标方向，钉在第一个瞄准标前方用于放置枪管，以此类推钉下其他瞄准标。这样的放置方式，使士兵由一个方向换至另一个方向进行射击时，可迅速定位。

阵地避弹槽

　　在阵地底部挖掘两条避弹槽（两端各一个）。如果敌人将手榴弹抛进掩体壕，可将手榴弹踢入或者扔进槽内——避弹槽将会吸收大部分的冲击波，而剩余的冲击波则将垂直向上冲出坑道。

　　一般来说，避弹槽的宽度应等同工兵锹刃部宽度，深度至少等同单兵工兵锹长度，长度等同战壕底部宽度。

　　为了排水的需要，掩体壕底部的平台要修

从中间向两端倾斜

掩体壕两端的避弹槽

▲ 避弹槽结构示意图。

成向两侧避弹槽倾斜的斜坡，这会使手榴弹更容易滚落到槽内。同时，这样的坡度也可让平台无法产生积水。

阵地高架掩体

在阵地上修建高架掩体能有效防御空中溅落的弹片、流弹以及爆炸炸飞并抛落的石块。高架掩体既可以在掩体壕中居中修建，也可修建在靠近侧翼掩体的位置。

士兵修建高架掩体，要在确保阵地不会暴露的前提下进行。一般来说，可在前面掩体物和后方掩体物上垒起直径约 10 到 15 厘米的原木，原木长度以掩

▲ 有条件的情况下，士兵应尽量构筑高架掩体。

▲ 在垒原木时，固定原木的木桩应尽量远离掩体壕边缘（防止掩体壕边缘崩塌）。同时，为了固定原木，士兵应使用泥土填充夯实原木的正面的空隙，并借助铁丝或绳索将原木与固定木桩适当捆扎。

体物的长度为准。此外，垒起的原木也可作为铺设顶盖的支撑物。

在充当支架的原木垒好之后，士兵应接着将直径约 10 到 15 厘米的原木沿垂直方向并排铺在支架上，构成高架掩体的顶盖。为了防止用作顶盖的原木滑动，士兵还应将之与两端的支撑原木进行固定操作（可用捆扎的方式或者直接用铁钉进行固定）。在这之后，士兵再在顶盖上覆盖防水布之类的防水材料并进行伪装（覆盖厚约 15 厘米的泥土，使之与环境相融洽）。

▲ 高架掩体顶盖搭建示意图。

在居中高架掩体可能暴露阵地的情况下，士兵可以选择构筑侧高架掩体。不过，侧高架掩体相对来说不利于观察和射击。需要注意的是，在修建侧高架掩体时，士兵只需要在阵地底部中间靠近后墙的位置挖一个避弹槽即可。

▲ 尽量在顶盖覆盖泥土前先铺上一层防水材料。

▲ 高架掩体在覆盖新泥土之后极为显眼，故一定要进行伪装，不然容易招致迫击炮等曲射火力的攻击。

▲ 侧高架掩体结构示意图。

士兵应首先在阵地的两端各挖出一块区域修建侧高架掩体。一般来说，该区域的深度应在30厘米左右，宽度应比掩体壕两边各宽约45厘米，沿掩体壕方向的长度应在1米左右。需要注意的是，士兵应尽量将挖出的草皮保留下来作为后期的伪装物。

在挖出适当空间后，士兵应接着将直径约10到15厘米的原木作为支撑物填入刚才挖出的区域中，并在支撑物上覆盖上防水布之类的防水材料，以确保高架掩体不会漏水。

▲挖掘侧高架掩体时，士兵可根据实际情况选择单侧构筑或双侧构筑。

▲士兵在填入充当支撑物的原木时，应尽量使原木相互紧靠。

在原木填入完毕后，士兵还应在防水材料上覆盖约15到20厘米厚的泥土，并将最初挖掘时保留下来的草皮用作伪装物铺回原处。

最后，士兵进入掩体壕，在高架掩体的支撑物下挖出一个类似洞穴的隔间（隔间要足以容纳自身和携带的武器）。同时，掩体壕的另一端也应如法炮制。

▲ 使用原有的地表草皮进行伪装是最好的方式。所以在挖掘之初，士兵最好以分格揭取的方式保留下草皮。

▲ 隔间顶部应直达原木支撑物下表面，且左右距离不超过原有掩体壕的宽度。

▲ 用木桩加固阵地。

阵地加固

　　如果阵地是建造在沙土或松软的泥土上的，那么士兵就需要对掩体壕进行加固防止其垮塌。为了将金属网、木板、原木或藤条编织物固定捆扎在木桩上，士兵可以使用铁丝、绳子或电线等材料。此外，为了防止战友将木桩误认为射界标和瞄准标，构筑阵地的士兵应尽量将木桩敲进土里。

单兵阵地

　　有时候，士兵需要修建一个单兵阵地容身——除了大小不同，单人阵地与双人阵地在修建工序上并无差异。

不带高架掩体的单兵阵地 | 带有高架掩体的单兵阵地

▲ 常见单兵阵地。

机枪阵地

　　如果士兵隶属机枪小组，则需要修建机枪阵地。在修建之前，所在部队的指挥官必须安排机枪的位置并分配机枪的主射界和次射界，以及划分机枪的首要火力方向（PDF）和最终保护线（FPL）。

　　士兵在修建机枪阵地之前，先要标记机枪三脚架的位置，然后用射界标标

▲ 在构建机枪阵地前，士兵应先勾画出轮廓线，有助于准确高效地构建阵地。

记射界位置，并勾画出掩体壕和正面掩体的大致轮廓。比如在修建 M60 机枪阵地时，士兵需要挖出两个射击平台来放置机枪。一个射击平台在阵地的主射界旁边，用于在开火时放置机枪的三脚架。另一个射击平台在阵地的次射界旁边，用于在机枪开火时放置其两脚架。

▲机枪阵地的射击平台。

配合掩体，射击平台可以给枪手提供更多的安全保障。同时，有了射击平台，士兵可以将正面掩体修得稍矮一些，用以保证射击的高低角。但需要注意的是，射击平台的高度不能过低，否则枪手无法在标定射界内实施有效射击。

在射击平台上堆放沙袋的方法不仅可以加强阵地防御，还可以辅助固定射击平台上的机枪脚架。

士兵修好射击平台后就可以挖掩体壕了。这种掩体壕的形状像一个倒置的 T 形，但需要注意 T 形的顶部必须比 T 形的柄部长。为了达到既保护枪手又便于射击的目的，掩体壕一般要深至士兵的腋窝，而在掩体壕底部，士兵则可以参考双人阵地避弹槽的挖法，在其底部两边与正前方各挖掘一个避弹槽。掩体壕挖掘时产生的泥土，可用于修建掩体。

如果机枪小组由三名士兵组成，那么弹药手则需要另挖一个单人阵地。通常情况下，单人阵地的阵地位置和机枪手阵地处于同一个方向，机枪位置为其火力方向和最终保护线的边界。在单人阵地中，弹药手主要观察射击机枪的次

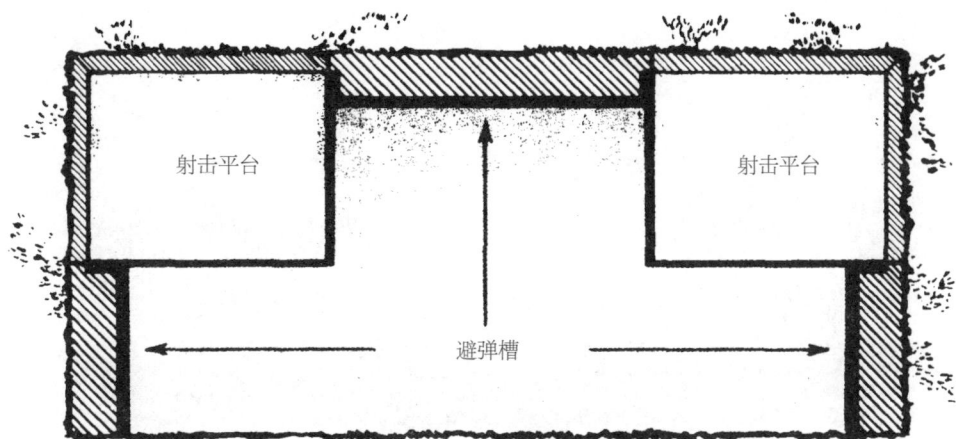

▲ 机枪阵地俯视结构图。

▲ 机枪高架掩体阵地示意图。
　如果M60只有一个射界时，阵地的大小需要减半，且只需建一个射击平台。

▲ 单射击平台机枪阵地。

弹药手

机枪阵地

▲ 三人机枪小组阵地示意图。

射界，同时观察另外两名枪手的状况。弹药手的单人阵地与机枪阵地通过一条匍匐交通壕连接，让弹药手既可以为机枪提供弹药补给作业，也能替换主射手和副射手。

12.7 毫米口径机枪阵地与普通机枪阵地差别不大，士兵只需要挖一个低于

▲ 改良的双人阵地。

侧高架掩体　　　　　　　　　　　　　　　侧高架掩体

阵地底部
向避弹槽倾斜

避弹槽

▲ 改良后的带有侧高架掩体的双人阵地。

地面的射击平台。该射击平台除了与地面存在高度差以外，与 M60 机枪阵地并无差别。为了防止机枪在射击中位移，士兵需要在射击平台上堆放沙包固定机枪脚架。同时，射击平台的四壁需要加固以防止机枪射击时产生的动能破坏平台。

这种机枪阵地的掩体壕形状为 L 形，射击平台须位于 L 形掩体壕的中间。通常情况下，掩体壕同样应深至士兵腋窝处，并且正面掩体应先于侧翼和后方掩体修建。

轻型反坦克导弹阵地

稍作改变的单人或双人阵地，可以作为反坦克导弹的发射阵地。需要注意的是，士兵在修建反坦克导弹阵地后，还需要准备一张相应的射程卡。

在掩体壕中，反坦克导弹的发射位置只需要齐腰深，它的另一侧则要深至士兵腋窝处。在反坦克导弹发射时，士兵的身体会露出地面，因此正面掩体必须能够为士兵提供一定的保护。此外，如有可能，士兵应尽量隐藏导弹发射筒尾部喷出的尾焰。

原则上，反坦克导弹阵地的发射位置是不允许修建高架掩体的。因为在过于狭小的空间中使用反坦克导弹或其他火箭助推的武器，会烧伤射手，而空间足够大的高架掩体发射阵地又有不小的暴露风险。所以，反坦克导弹阵地大多数时候都只适当增加了侧面掩体物的高度。

▲ 反坦克导弹阵地示意图。

约15厘米（6英寸）

▲ 从阵地发射反坦克导弹。

　　在使用反坦克导弹射击之前，士兵要确保没有战友、墙体和大树等在反坦克导弹的尾焰区域内。在双人阵地中，更要确保战友不在炮尾焰区域内，以防不测。

90 毫米无坐力炮阵地

90 毫米无坐力炮阵地与轻型反坦克导弹阵地类似。士兵修建该阵地时，同样需要准备射程卡，并清除炮尾焰区域的障碍。

▲ 90毫米无坐力炮阵地。

轻型单兵火箭筒阵地

使用轻型单兵火箭筒射击时，士兵无须构筑特殊阵地，只需要清除尾焰区域的障碍即可。

交通壕

如果时间允许，士兵应尽量挖掘交通壕使各阵地相互贯通，同时也为阵地之间的人员行进提供掩护路线。交通壕的深度取决于时间和可以利用的人力及

▲ 在阵地中使用轻型单兵火箭筒射击。

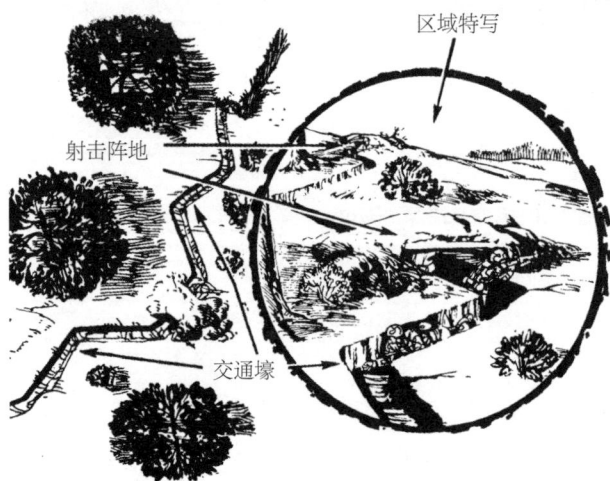

区域特写

射击阵地

交通壕

◀ 带有交通壕的阵地的俯
视图。

设备。在没有工程援助的情况下，一般的交通壕深约 1 米，宽约 2/3 米。为了防止敌军突入交通壕后对壕内战斗扫射，同时也为了减弱炮弹的杀伤威力，士兵在构筑时应将交通壕与掩体阵地尽量挖掘得"蜿蜒曲折"。

储存区

阵地内应该有一个专门的地方储存武器装备和弹药。如果阵地中建有居中高架掩体，士兵则应将储存区建在后墙底部。如果阵地上建有侧高架掩体，士兵则应将掩体下方的隔间用作储存区。此外，储存区也可用作士兵的轮换休息区。

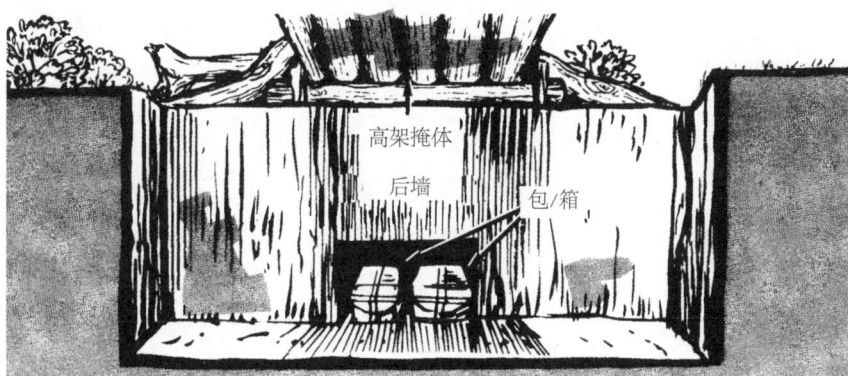

▲ 居中高架掩体储存区。

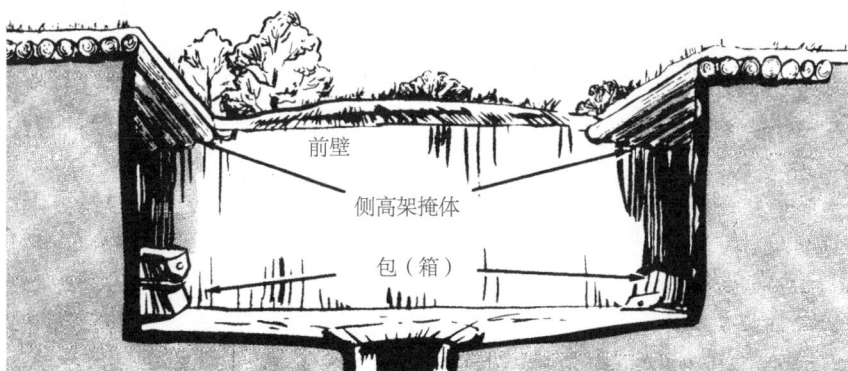

▲ 侧高架掩体储存区。

第 3 章
行进

通常士兵在执行任务时，会在行进方面花很多的时间。因此，士兵应该掌握一些行进方面的技能。而本章所讲述的，就是每个士兵都必须掌握的基本行进技能。

关键词： 行进技能　行进时的应急行动　部队行进　攻击和行进　随坦克行进

行进技能

部队的行进能力取决于每个士兵的行动力，而如果士兵在行进时能避免被敌人发现，可显著提升其行动力。下面所讲述的技能，可以在一定程度上降低士兵在行进时被敌人发现的概率：

● 伪装好自己和所携带的武器装备。

● 首先，将自己的身份识别牌（俗称"狗牌"）捆在一起，并用链子固定好，以免两块身份识别牌相互碰撞发出声响。然后，将一些容易因碰撞而发出声响的武器捆好或用垫子垫好（以不要影响武器的使用为前提）。在完成捆绑后，上下晃动上述物品，以测试是否会发出碰撞声。

● 在行进时应穿着柔软合身的作战服。

● 行进时不要携带不必要的武器装备。此外，从掩体运动到射击阵地，整个过程应控制在 5 秒钟以内。

● 由一个阵地前往另一个阵地之前，应仔细观察和聆听，在没发现异常之后才能行进。

● 需要选择有掩体或隐蔽物的行进路线。

● 在茂密的草丛中行进时，需要不断对自己的行进方向做细微改变以扰乱敌人的判断。

● 当四周有鸟鸣声、鸟类扑腾翅膀的声音，以及动物受惊时发出的声音时，应立即停止行进，并仔细观察或聆听敌军是否就在附近。

● 应善于利用战斗声响掩盖自己在行进时发出的声音。

● 在横穿道路和小径时，应尽量选择有掩体或隐蔽物的路线（如涵洞、低洼处、弯道或桥洞）。

● 在选择行进路线时，应尽量避开陡坡和土质疏松的地方。

● 在行进时，应尽量避免从空旷地带或山顶通过。

行进方法

在行进过程中，士兵除了立姿行走以外，还有三种常用的行进方式：低姿匍匐、高姿匍匐和跃进。

沿有掩体和伪装的路线行进。

从有掩体的阵地出来时，不要直接向前方行进。

不要向可能有埋伏和其他危险的地方行进。

▲ 士兵在战场环境下的行进注意事项。

当士兵采用低姿匍匐的姿态行进时，身体的着弹面积最小。在需要穿过只有低矮隐蔽物的地方，且处于敌人的火力之下或敌人正在实施侦察时，士兵需要使用这种行进方式。

当士兵采用低姿匍匐姿态时，可将身体平贴着地面，用扣动扳机的手紧握位于枪体前部枪带挂钩处的枪带，保持枪口斜朝上的姿势，拖着枪行进。在行进时，士兵需要用双手拉动身体，并用腿将身体向前推。

高姿匍匐比低姿匍匐的行进速度快，但身体的着弹面积也有所增加。在隐蔽较多，但敌人的火力使人无法站立行进时，士兵可采用高姿匍匐的方式行进。

低姿匍匐

高姿匍匐

▲ 低姿匍匐和高姿匍匐示意图。

高姿匍匐行进时，士兵需要用手肘和膝盖支撑并移动身体（上半身离地，并用双手握持武器）。在移动时，右肘配合左膝与左肘配合右膝交替使用。

跃进是最快的移动方式。为了防止敌人使用机枪和步枪进行追踪射击，士兵每次跃进的时间应控制在 3 到 5 秒左右。士兵在跃进的过程中一定不要停下来站在空旷地带，否则将会立刻成为敌人的优先目标，并引来致命火力。此外，在跃进前，士兵一定要尽量选择有掩体或隐蔽物的行进路线。

士兵在需要通过跃进的方式进入目标阵地时，要做到以下几点：

●在出发前，缓慢抬起头观察周边环境和敌人火力情况，并选好目标阵地和最优行进路线。

●观察完毕后，缓慢低下头（动作不可过大）。

●让手臂靠近身体，并使肘部向身体收拢。

●用手臂支撑起身体。

●向前迈出右腿。

●快速起身，跑向目标阵地。

▲ 一般来说，士兵在跃进时要有掩护火力的配合，且跃进的时间与距离都不可太长。

当士兵准备停止跃进时，需按以下步骤进行：

● 立刻卧倒，成匍匐姿势。

● 迅速进入预先选定的目标阵地。

● 选择适当的观察和射击位置。

● 进行射击或选择下一次跃进的目标阵地。

如果士兵于跃进前，在某阵地进行过持续射击或已经暴露，则可能会让他的位置被敌人所密切关注。所以，士兵在遇到这类情况并需要进行跃进时，一定要从阵地翻滚或爬行一小段距离，在脱离阵地正面之后，再于其他位置发起跃进（也可朝阵地的一个方向抛出砂土或醒目的物体，然后立刻从阵地的另一侧跃出）。也就是说，士兵必须在发起跃进冲击前干扰敌人的预设判断。

此外，如果士兵必须采用跃进的方式通过空旷地带，且需要面对敌人的正面火力，那么在跃进时应采用 Z 字形路线。并且，士兵在跃进的过程中切忌保持同一个运动方向或某种固定跃进姿态，而是需要随机变换姿态或方向（比如每隔两三秒就向右或向左翻滚一次）。

秘密行进

秘密行进是指安静、慢速和小心翼翼地移动，这需要极大的耐心。在秘密行进时，士兵需要注意以下几点：

● 双手持枪，并打开保险，随时准备射击。

● 移动时，将身体的重量放在着地的腿上。

● 抬高跨步的腿，不要被地上的杂草和灌木绊倒，切忌将脚在地上拖行。

● 跨出一步后，轻轻放下跨步的腿，脚尖先着地（这时身体的重量依然放在后腿上）。在脚尖已经站稳后，方可放下脚跟。

● 将身体的重量转移到之前跨步的腿上，保持平衡之后再抬起另一条腿。

● 步幅不要过大。

当士兵在茂密的植被中夜行时，切忌发出声响。因此，士兵需要一只手拿着武器，另一只手向前摸索障碍物。此外，当士兵到达目标阵地时，还应按照以下步骤操作：

●一只手握住武器并缓缓下蹲。

●另一只手在下蹲时伸向地面，探知是否有地雷、绊网或其他危险物。

●然后双膝先后跪下，用双膝和另一只手（以下简称"空手"）支撑全身重量。

●将身体的重量移至空手，以及与空手成对角线的另一侧的膝盖上。

●没有承担身体重量的膝盖伸向身体后方，再放低身体。然后，另一只腿也慢慢放平。

●进入卧姿状态。

士兵在爬行时，可以使用以下技巧：

●用手和膝盖为支撑向前爬行，用扣动扳机的手持枪，而另一只手则用来排查地面的障碍物。

●确认无障碍后，迅速移动到目标位置，并按照前文所述的方式卧倒。

行进时的紧急行动

本节主要讲述在遭遇敌军间接火力攻击时，士兵该采取什么样的行动。

对间接火力的反应

如果士兵在行进时遭受间接火力的攻击，应马上向自己的指挥官寻求指令

指挥官

▲ 跟随指挥官撤离危险地域。

（撤离或跟随指挥官行动）。如果士兵不能及时找到指挥官，则应跟随战友行进。但如果既找不到指挥官，也找不到战友，则应尽快向远离间接火力的方向撤离。

需要注意的是，虽然崎岖的地形能为士兵提供很好的掩护，但要在这一地形条件下实现快速撤离却比较困难。因此，当士兵遇到这种情况时，应选择好掩体，等待间接火力减弱后再迅速撤离。

对地面照明弹的反应

通常情况下，敌军在预警时，会在地面上燃起照明弹。此外，也有人会选择将照明弹捆绑在绊网上，当绊网被触动时就会点燃照明弹。如果士兵被暴露在照明弹的强光之下时，应尽快离开被照亮的区域，因为敌人很有可能会马上向此区域开火。

▲士兵应尽快对被点燃的地面照明弹做出反应——因为这些地域基本上都是预先标定好的火力打击范围。

对空中照明弹的反应

一般情况下，敌军会借助空中照明弹来照亮关键区域。空中照明弹可由手持投射器、榴弹发射器和迫击炮发射，或从飞机上投掷。

●如果士兵在行进时听到照明弹发射的声音或看到照明弹发射的动静，应在照明弹还未发出强光前进入卧姿状态或躲在掩体后。

●如果士兵在行进时被照明弹的光线照到，且周围环境非常易于掩护和伪装（例如森林），只需站在原地不动直到照明弹燃尽即可。

●如果士兵在行进时被照明弹的光线照到，且身处空旷地带，则应立刻蹲下或趴下。

●如果士兵在穿越障碍物（如铁丝网或墙体）时被照明弹的光线照到，应立刻蹲下直到照明弹燃尽。

照明弹的强光很可能会使我方士兵和敌方士兵都暂时失明（即当敌军在夜间用照明弹来观察我军的军情时，也在某种程度上牺牲了自己的夜视能力）。为了保护自己的夜间视力，士兵应在照明弹爆炸时闭上一只眼。这样的话，当照明弹燃尽时，士兵还能有一只眼睛拥有敏锐的夜视能力。

▲ 切忌直视照明弹——这将会导致瞳孔激烈收缩，在强光消失后，会出现暂时失明的状态。

部队行军

在通常情况下，兵力较少的部队（如步兵火力小组）在行军时，会组成楔形编队。在采用这种队形时，指挥官会根据士兵携带的武器种类来安排固定的位置——但有时也会在行进中根据实际情况做一定微调。在采用这种队形时，两个相邻的士兵之间的间距通常为 10 米。当部队在狭窄地形里行进时，需要对楔形编队做一些临时调整——比如当周围是茂密的植被或要经过狭窄的通道时，编队成员应自动收拢形成纵队，待通过后再次展开。

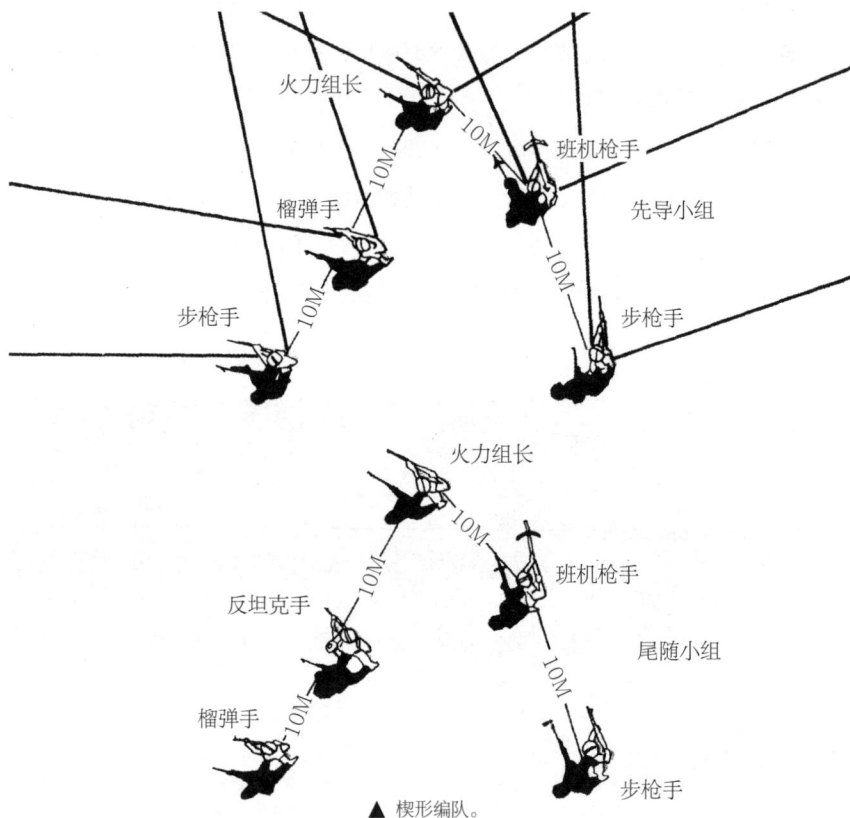

火力组长

班机枪手

先导小组

榴弹手

10M

10M

10M

步枪手

步枪手

火力组长

10M

反坦克手

10M

班机枪手

尾随小组

榴弹手

10M

10M

步枪手

▲ 楔形编队。

一般来说，作战小组的指挥官会通过示范动作来下达命令。比如，在他命令"尾随我并跟着我做"时，士兵就必须跟从并重复他的动作。

在视野不佳的时候，行进时的距离控制会变得很困难。此时，士兵应将两条约 2.5 厘米长的荧光发光带水平缝在头盔后部（荧光发光带之间的距离约为 2.5 厘米）。如果士兵佩戴的是巡逻帽，则需准备两条长约 3.8 厘米的荧光发光带，

发光条

▲因为夜视系统并不能在所有的环境下通用，所以在部分视野不佳的情况下需要用到荧光发光带。

并将它们垂直缝合在帽子后沿的中间（荧光发光带的下端应靠近帽子的下沿，两条荧光发光带之间的间距约为 2.5 厘米）。

行进中开火

当战斗单位与敌军展开交火时，通常是一边进行移动（逼近敌军或撤退），一边进行射击——这种在运动中进行射击的技能被称作行进中开火。

●移动和射击这两个要素是同时发生的。

●射击是为移动做掩护，以达到火力压制的目的，保证士兵在移动时的相对安全。

●移动既包括接近敌军,也包括撤退到一个更好的位置继续战斗。一般来说,必须要在射击要素得以执行的同时才能进行移动。

●根据靠近敌军阵地的距离和可能获得的掩体,执行射击任务和移动任务的士兵,可以互换已完成行进任务。

●当执行移动任务的士兵即将到达射击小组的火力保护范围外时,应立刻停止移动,并占据一个可以对敌军进行射击的阵地。此时,执行移动任务的士兵将自动成为下一轮行进时的射击小组,而原来执行射击任务的士兵则变成了移动小组,从而实现角色互换。

●当士兵所在的小组与敌军交火时,小组指挥官应该告诉他是执行移动任务还是执行射击任务,以及移动的目的地或射击的位置和目标。士兵在执行移动任务时,可以自行选择采用低姿匍匐、高姿匍匐或跃进等行进方式。

随坦克行军

士兵经常要跟随坦克行军。当士兵必须要保持与坦克同样的行军速度时,登上坦克是常见方法之一。然而,这也会让士兵暴露在各种各样的攻击中。同

▲ 从右前方登上坦克。

时，这也会影响坦克的机动性与炮塔的工作性能。因此，在与敌军发生交火时，士兵必须马上离开坦克。

士兵必须在得到坦克指挥官的允许之后，方可从坦克的右前方登上（在坦克的左边有共轴机枪，不适合从这里登上坦克）。而一旦登上坦克，士兵就必须移至坦克的侧后部——如果坦克的侧后部没有足够的空间，也可站在炮塔旁，并紧握舱门或舱口。

此外，士兵在坦克上站立时一定要注意周围的树木，以防止被树木绊倒。同时，士兵还要注意一些可能使坦克突然转向的障碍物。

需要特别说明的是：由于站在坦克上是一种很危险的行为，所以士兵在登上坦克前一定要权衡利弊。

第 4 章
观察

在军事行动中，首要的是找到敌人。因此，在战场上，总会有士兵被委派去侦察敌军的行踪或监视举动。

观察哨是士兵观察特定区域并报告该区域所有观察和监听到的信息的地方。（本书第六章中将详细讲解士兵如何观察收集与报告情报。）

关键词：如何观察 观察聆听 范围评估

如何观察

本节讲述如何在白天和夜晚完成观察任务。

白天观察

士兵在白天观察目标区域时，应按以下两个步骤操作。

第一步，对整个区域进行快速且全面的扫视，筛选出明显的物体及不自然

▲ 快速扫视整个目标区域，筛选出尽可能多的可疑目标，为后面的仔细观察做准备。

250米
200米
150米
100米
50米

▲ 50米宽的观察分区示意图。对于观察中发现的可疑目标，应该仔细观察并记录详情。

的颜色、轮廓及其他可疑物。首先观察所在阵地的前方区域，然后迅速扫视视野所及的最大观察范围，如果观察区域实在太大，则可将其分为若干较小的区域，再按照第二步进行观察。

第二步，将整个区域按50米的宽度，由近及远划分成若干小区域，再从左至右或从右至左交替观察每一个区域。在确定发现可疑物后，进行仔细观察。

夜晚观察

士兵在夜晚执行观察任务时，可使用以下几种观察技巧。

第一种，暗适应技巧。首先，在黑暗区待30分钟（越黑越好）或在点着红灯的区域待20分钟后再到黑暗区待10分钟，使眼睛适应黑暗环境。使用红灯适应法时，士兵可利用红灯20分钟的时间等待上级命令、检查装备或者做其他准备。因此，此种技巧更节约时间。

第二种，偏离中心的注视技巧。受到眼睛感光细胞分布特点的影响，在暗环境下眼睛焦点处的敏感程度要比焦点周围部分低。根据这一特点，士兵在对可疑目标物进行仔细观察时，应将视线焦点适当偏离观察点，用余光注意观察点的情况，使用此技巧观察到的物体比直视时更清晰明显。

第三种，扫视技巧。根据前一点提到的特性，士兵可将注意力集中在某个物体周围上，随后再快速地以"8"字形围绕该物体移动视线。

观察和聆听

在对某区域进行观察时，需要仔细查看和聆听，请重点关注声音、尘土和车辆排出的废气、移动中的物体、阵地、轮廓和阴影、非自然光光线和色彩反差大的物体。

声音

仔细聆听脚步声、枝条折断声、树叶剧烈碰擦声、咳嗽声和武器、车辆发出的声音。这些声音可能与其他的自然声音相混淆，因此，士兵在聆听前，需要花一点时间确认该地域主要出现的自然声响，并依次默记在心——这将有助于快速感应到异常声音。

声音可以暴露敌军的大概方位。虽然声音无法精准透露出敌军的位置，但至少可以辅助观察员更容易地找到敌军，甚至判断敌军在从事何种行动。

尘土和车辆排出的废气

步兵行进和车辆行驶都能扬起尘土，同时，车辆还会释放尾气。这些都能让士兵在较远距离外发现敌军踪迹。

移动的物体

移动的物体是更为有价值的观察目标。士兵可以对目标区域进行区域划分，在每个区域中标定几个主要观察对象，并将之默记或记录下来。在这之后，士兵可以每隔一小段时间重复确认一次——这有助于发现一些缓慢移动的目标。

阵地

执行观察任务时，士兵不可放过能提供隐蔽和伪装条件的地方，如树林、草丛等。

轮廓和阴影

搜寻敌军士兵、武器装备、车辆的轮廓以找到敌人踪迹。士兵应仔细观察树荫或房屋的背光处是否藏有敌军和武器设备，特别是阳光特别强烈的时候，阴影处更需要特别留意。

非自然光光线

在黑暗中，士兵可以靠搜寻光源来确认敌人的位置。如燃烧的香烟、车灯或电筒等。在白天，这些光线可能来自挡风玻璃、前灯罩、油腻的齿轮、手表表盘或裸露皮肤等的表面。

色彩反差大的物体

搜寻与背景色不一样的色彩，如军服、装备、皮肤。一般 T 恤或袜子与背景颜色的反差强烈，是最容易被士兵忽视的地方。

距离估算

作为肩负观察重任的士兵，经常需要快速估算距离——这时候，除了使用密位尺等测距方式外，士兵还可使用一些粗略的快速估算来测距，如 100 米测量制、物体外观法和声光测距法。

100 米测量制（日用）

先就近取 100 米距离作为测量单位——如果观测地与目标距离在 500 米范围内，那么参照之前选取的测量单位，观测地与目标之间的距离可通过目测得到大致的数据，即 "100 米的几倍"。如果观测地与目标距离大于 500 米，则在观测地与目标之间找到中点，然后只需参照之前选取的测量单位目测出观测地到中点的距离，再将该数据乘以 2 便得到大致的整个距离。

值得注意的是，如果遇到斜坡，那么 "100 米测量制" 就可能存在较大误差。

100 米测量制的准确性取决于测量区域的大小。如果测量区域距离较长，如超过 1000 米，那么通过该方法得到的数据会偏离正确数据较远。

物体外观法（日用）

物体外观法是依据某个物体的外观尺寸及细节来测量的一种常用测距方法。例如：当一名车手想要超过另一辆汽车时，就会依据来车的外观大小判断与对面来车的距离。事实上，车手想知道的并不是确切的距离，而是能否有足够的距离安全超车。假设他事先知道在 1 公里外的车辆外观大小为几厘米宽、几厘米长，两个车前灯之间的距离为几厘米，那么如果他眼前出现的车辆外观尺寸大致符合该数据，就说明他离那辆车的实际距离就在 1 公里左右。

这种物体外观法也适用于战场测距——如果观察员知道在某个距离上时武器和人的外观大小，那么通过目测他就能得到具体的距离数据。

要使用这一方法测距，必须要熟悉物体在不同背景下的外观尺寸和细节。但需要注意的是，这一方法受能见度的影响很大。

组合方法

战场测距不可能总是在理想化的环境中进行，这就要求观察员要将不同的测距方法组合起来使用，以得到经过确认的较准确数据。例如：即使观察员无法观察到目标所在地形的全貌，也依然可以使用物体外观法测得距离。待测区域也许被烟雾所笼罩，目标物的细节无法辨识，但观察员依然可以靠判断它的外观尺寸或使用 100 米测量制测得距离。

声光测距（常用于夜用）

由于声音在空气中的传播速度为每秒 340 米左右，因此如果观察员既能听到又能看到某个发出声响的物体，就可以准确测出该物体与所在地的距离。观察员在看到目标武器放出烟雾或火光，或者激起尘土时，就应立刻开始计数，并在听到相应的声响时停止计数，然后将该计数乘以 340 米，得到的数据就是两者之间的距离。

值得注意的是，声光测距法受限于环境的同时亦受限于观察员计数的精确性——空旷环境的测距精确度远比在山谷或丛林等地测得的要高。当计数以秒计时，观察员的计数误差越大（即便是计数慢了半秒，那么误差值也有 170 米。且如果观察员采用默念式计时时，当计数时间越长，误差值也会越大），得到的距离数据越失真。

第 5 章

核武器和生化武器

　　士兵必须要学会如何在核武器和生化武器的攻击下保护自己，并幸存下来。本章主要讲述如何运用各种方法避免或降低核武器及生化武器造成的危害。

关键词: 核武器　生化武器

核武器

本节将讲述核爆炸的特点以及对人员、装备和补给可能造成的危害，并介绍一些简易的防护方法。

首先，我们要明确核爆炸的特点是具有强烈的冲击波、热辐射、核辐射以及电磁脉冲。其次，我们要明白核爆炸的不同特性会造成什么样的伤害。

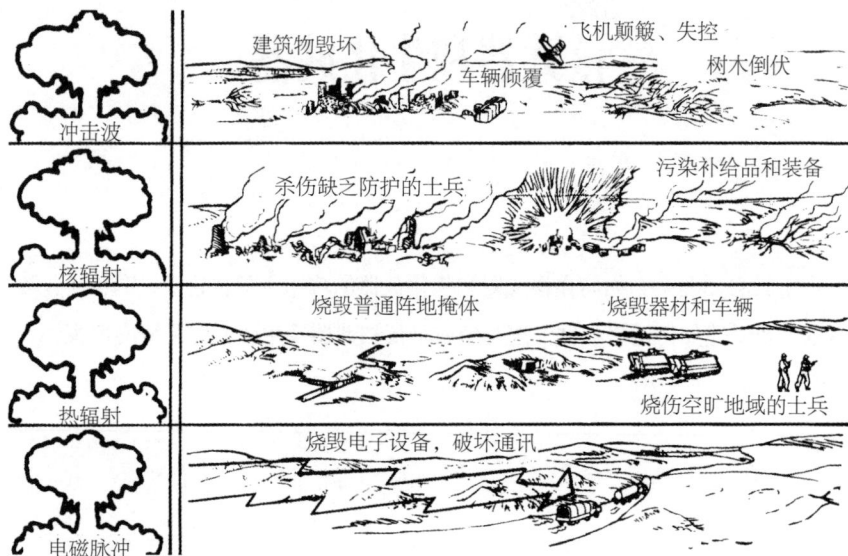

冲击波 ｜ 建筑物毁坏　飞机颠簸、失控　车辆倾覆　树木倒伏

核辐射 ｜ 杀伤缺乏防护的士兵　污染补给品和装备

热辐射 ｜ 烧毁普通阵地掩体　烧毁器材和车辆　烧伤空旷地域的士兵

电磁脉冲 ｜ 烧毁电子设备，破坏通讯

▲ 核武器的危害。

爆炸产生的强烈冲击波，将摧毁建筑物，并且其引发的狂风会将地面的各种物品卷起。

热辐射会烧伤人的身体，引燃各种可燃物。爆炸瞬间（尤其是晚上），热辐射产生的强光可致使人暂时失明或对人的眼睛造成永久性的伤害。

核辐射会给人员带来放射性伤害，致使其失去执行任务的能力。核辐射会持续很久，按阶段分为初期阶段和后期阶段。

其中初期阶段，是指由爆炸直接引发的辐射。该种辐射从辐射源向所有方向以光速直线发射，具有很强的穿透力。至于后期阶段，则是指核爆炸之后，一些受核爆炸污染的放射性尘埃、物品和装备发出的辐射。

电磁脉冲（EMP）是核爆炸产生的以光速向周围传播的强电磁辐射。它可以干扰电子设备（如无线电设备、雷达、电脑和车辆等）的元器件，还能影响导弹等依靠电子系统工作的武器。为了弱化电磁脉冲造成的危害，士兵可将重要装备移至掩体后（如装甲车与厚实的土墙）减弱装备受到的直接冲击。

对士兵的影响

如果士兵的身体暴露于核辐射中则会受到严重的细胞伤害，这种伤害会导致士兵患上"辐射病"。病情的严重程度取决于所受辐射的计量、暴露的时间以及士兵本身的身体状况。辐射病早期症状为头痛、恶心、呕吐、腹泻，这些症状在士兵遭受核辐射后 1 ~ 6 小时内会显现。如果所受辐射的计量小，那么辐射症状可能会消失，但如果早期症状在潜伏一段时间后再次出现，那么士兵则需要立刻去医疗站寻求帮助。

对补给和装备的影响

爆炸能使密封或半密封的物体爆裂，如罐头、电池、油箱和飞行器等。同时，建筑物所崩塌的碎石瓦砾会掩埋补给和装备。

核爆炸释放的热量能点燃干燥的木材、燃料、油布和其他易燃物质，强光可以损伤视力。

核辐射能污染食物和水源。

防御核攻击

最快速有效的防御方式是躲藏于坚固的山洞、地面壕坑、沟渠或坚固的阵地掩体中。

当人员隐蔽在露天掩体时，发现核爆炸后，应卧倒在工事底部，闭眼，闭嘴，腹部微收，两手交叉垫于胸下，并将两肘前伸，使两大臂遮挡头部，避免或减少光辐射对暴露皮肤的伤害。在单人掩体内的人员可蹲下，使身体尽量放低，并用两手堵塞耳孔。

当人员来不及进入掩体时，发现闪光后，应迅速利用就近地形地物卧倒。卧倒的方向依核武器爆炸的方向和地形的特点而定——在开阔地面的人员应背向爆心卧倒。当地形地物较小时，应对向爆心卧倒，以重点防护头部。在室内来不及外出隐蔽的人员，应该避开门、窗，在屋角或靠墙下的床下和桌子下卧倒，以避免受到间接伤害。如处于行驶状态的车辆中，发现闪光后，驾驶员应立即停车，车上人员最好在车上卧倒，如不便卧倒，那么身形也要尽量放低，并把紧车厢或把手。

爆炸结束后，人员方能移动，并迅速检查身体有无受伤，武器装备是否损坏，然后继续执行任务。

辐射在核爆炸后一段时间都不会消失，并且无色无味，只会被辐射探测器

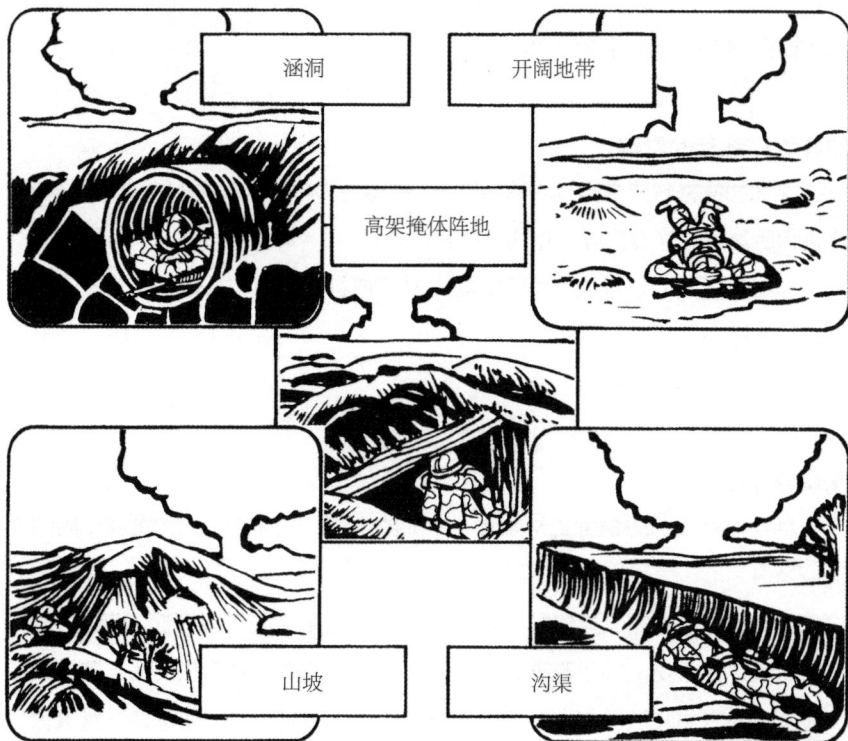

涵洞

开阔地带

高架掩体阵地

山坡

沟渠

▲ 遭遇核爆炸时，士兵的保护措施。

检测到。具体操作可参考《核生化防护（美陆军野战教范）FM21-40》，尽可能快速撤离辐射污染区。

如果部队必须驻留在污染区，那么指挥官应尽量选择有高架掩体的地下阵地。即使形势危急至无法修建高架掩体，那么士兵也应将雨披置于阵地顶端，待辐射尘不再落下，迅速去除身上和武器上的污染物，并洗净身体和武器。

生化武器

生化武器是利用生物或化学制剂达到杀伤敌人的武器，它包括生物武器和化学武器。

化学生物试剂

化学试剂的形态可能是气态、液态或喷雾状，可以造成人员伤亡和环境污染。有时，为了达到更大效能的杀伤，敌人会将多种试剂混合使用。运载和投射化学试剂的器材很多，包括榴弹炮、迫击炮、火箭、导弹、飞机和地雷等。

生物试剂多由致病病菌组成，可引发非自然的大面积恶性疾病。该试剂可以用小型炸弹、导弹和飞机等器材投掷，也可以通过携带病菌的苍蝇、蚊虫与跳蚤等昆虫传播。

对武器装备的影响

生化武器对武器装备影响不大，但如果装备上沾染了液态的生化试剂，应在去除后再使用。

对地形的影响

如果某个区域的环境受到生化武器污染，部队应在清除污染后再进入该区域。

对士兵的影响

生化制剂可以通过士兵的口、眼、鼻以及皮肤进入人体，造成人员伤亡。

生化制剂的毒性能持续几个小时甚至几天，如果士兵没有任何防护，一旦接触，很容易致死或伤残。

M8 自动化学试剂报警器可以检测到空气中的神经性、血液性和窒息性等化学药剂，并报警。M43A1 只能检测神经性化学制剂。M8 的使用和维护由核生化防护小组负责。

生化制剂的鉴别

因为一些生化制剂无色无味，所以你可能无法通过感官发现，但是，可以借助每个连队都配发的化学制剂报警器和检测试剂盒来发现生化制剂。

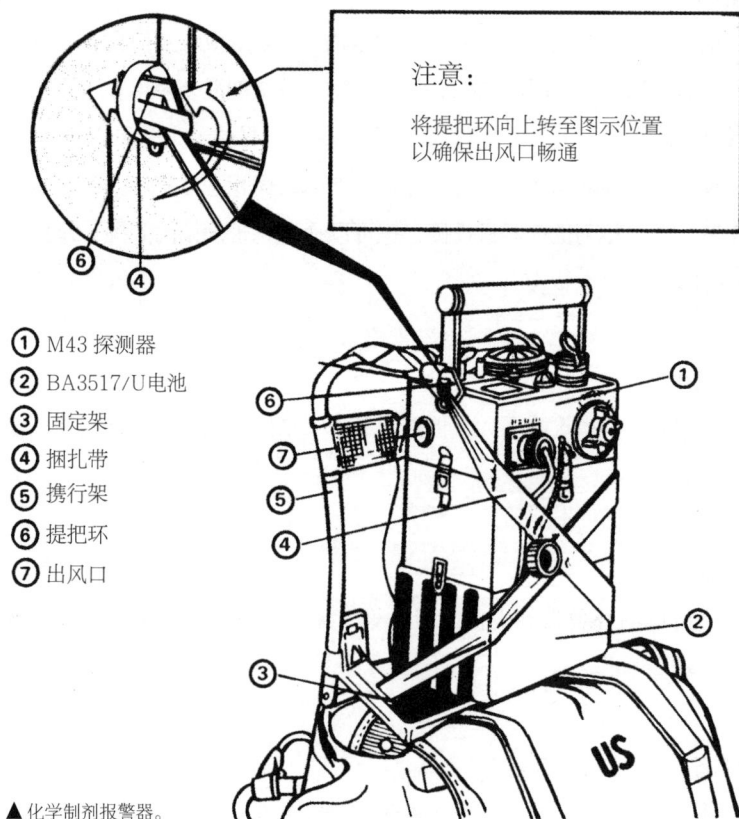

注意：

将提把环向上转至图示位置以确保出风口畅通

① M43 探测器
② BA3517/U电池
③ 固定架
④ 捆扎带
⑤ 携行架
⑥ 提把环
⑦ 出风口

▲ 化学制剂报警器。

PAPER, CHEMICAL AGENT
DETECTOR, VGH, ABC-M8

BOOK OF 25 SHEETS

▲ ABC-M8化学制剂试纸。

▼ M256化学试剂检测盒。

ABC-M8 化学制剂试纸的规格为每本 25 页。当试纸变成深绿、黄色或红色则分别说明试剂中有液态 V 型神经性试剂、G 型神经性试剂或水疱试剂。值得注意的是，此试纸无法检测雾状试剂，且无法准确检测有孔的材料，如木头或橡胶等。此外，很多物质都能引起该试纸变色，所以一旦检测到能让试纸显示阳性的物质后，还需用其他化学试剂检测盒做二次确认。

在战场环境中，每个小队都应配备 M256 检测试剂盒，用于检测气体状神经性、血液性和水疱性化学药剂。当连排部队遭受化学武器攻击，或存在此可能性时，士兵也应使用该设备进行检测。

示警：当士兵意识到自己可能已经遭受到生化武器袭击时，应立刻止住呼吸并戴上面具，再以标准操作程序所规定的动作行动，且及时警示战友。

▲ 生化武器（CB）示警。

抵御生化武器攻击

　　最常用的防护设备是防毒面具，它可以保护士兵免遭生化试剂的伤害。另外，全套防护服抵御液态生化试剂的能力更强——防护服由配备有头套的面罩、防护衣、防护靴和防护手套组成。

　　作战服和手套可以保护士兵不被携带病菌的昆虫，如蚊子和壁虱所咬伤。为达到防护效果，士兵必须将衣扣扣紧，将裤腿塞进靴子里面，不使皮肤裸露

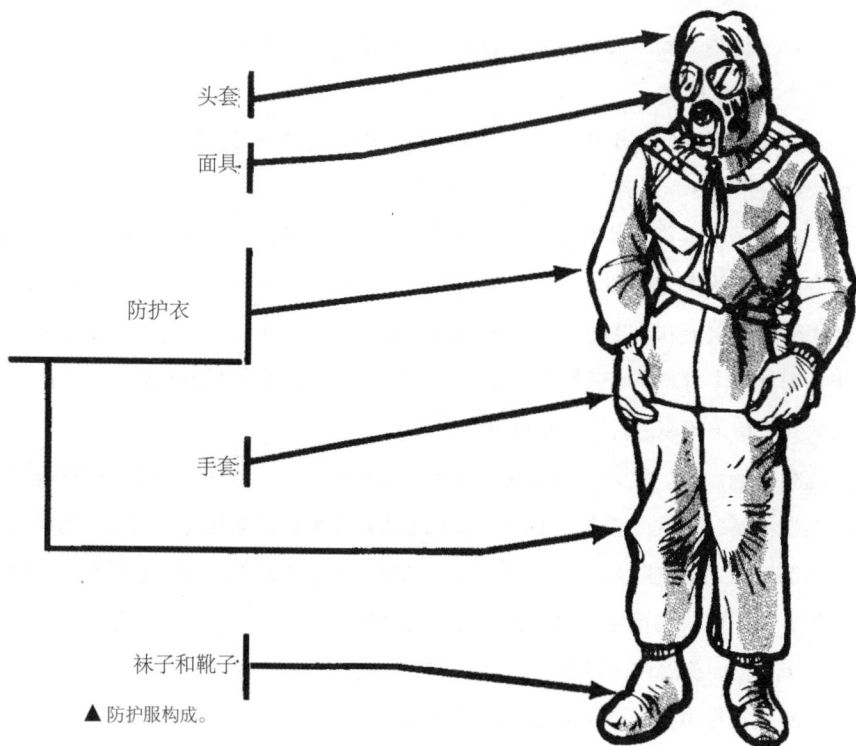

头套

面具

防护衣

手套

袜子和靴子

▲ 防护服构成。

在外。另外，驱虫剂和杀虫剂也可以用来对付携带病菌的昆虫，同时，提高驻地的卫生水平亦能防止蚊蝇滋生。

任务导向式防备状态（MOPP），它是一套抵御化学试剂的灵活体系。根据威胁大小和当地气温，指挥官会伺机选择执行哪一级 MOPP（共分 4 级）。

任务导向式防备状态的每一级都严格规定了士兵应该穿着和携带什么样的装备，具体要求参考下面的表格：

MOPP	防护装备			
	防护衣	套靴	面具/头巾	手套
1级	穿着根据温度扣紧或解开	携带	携带	携带，视情况穿戴
2级	同上	穿着	携带	
3级	同上	穿着	穿着，头巾打开或系好	
4级	穿着，扣紧	穿着	穿着	

对于生物武器，最好的局部防范方法就是严格执行预防措施，以及提高公共和个人卫生标准。

当士兵表现出感染化学药剂的症状时，相关人员应对其施行急救措施，减缓或维持当前不良状态，以利于后期施救。

●神经性毒剂。其引发的症状为呼吸困难、流涎、恶心呕吐、抽搐，有时还会造成人的视力模糊。一旦发现战友遭受到神经性毒剂的伤害，士兵应立即使用阿托注射液和人工呼吸等方法进行急救。在没有其他战友救援的情况下，士兵则可用注射器在大腿处自行注射，如果症状在 15 分钟后没有消失，应继续注射并保持该频率进行观察和自救。

●水疱毒剂。感染水疱毒剂后的症状为皮肤、眼、鼻有灼烧感。根据制剂的类型不同，症状可能立刻出现，也可能延后几小时甚至几天才出现。如果该种制剂接触到了皮肤和眼睛，用大量清水冲洗干净的方法能在一定程度上减缓伤害。如果皮肤在接触制剂后有灼痛感或出现水疱，士兵应先用消毒纱布或干净的布将创面覆盖住以防止感染，并尽快寻求医疗救助。

●血液性毒剂。感染血液性毒剂后的症状为恶心、头昏、头痛、皮肤或嘴唇呈红色及粉红色，严重者会抽搐和昏迷。以上症状一旦出现，救助者应立刻将两瓶亚硝酸戊基压碎后放入伤员鼻内。如果在污染区域，伤员带着防护面具，则将亚硝酸戊基直接导入面具内。如果用药后症状没有消失，继续刚才的操作，每一次用药的间隔为 4 或 5 分钟，直到伤员恢复正常呼吸，注意亚硝酸戊基的用量不得超过 8 瓶。如果伤员依然呼吸困难甚至停止呼吸，尽快寻求医疗救助。

●窒息性毒剂。感染该毒剂的症状为咳嗽、窒息、胸闷、恶心、头痛和眼睛流泪。如果士兵发现自己出现以上症状，应立即躺倒并保持呼吸平和稳定，同时尽快寻求医疗救助。

如何清除身上或武器上的化学试剂

用 M258A1 皮肤消毒装置清除武器设备表面的试剂。此装置的使用说明印在盒子上，便于士兵在使用前阅读。虽然 M258A1 皮肤消毒装置主要是用来清洁皮肤的，但也能用于步枪、面具和手套的清洁。

M258A1 消毒装置的容器是由防水材料制成的，其容器上有一个金属带钩，可供士兵将容器挂在衣服或装备上。容器内装有三张 DECON 1 解毒湿巾和三张 DECON 2 解毒湿巾。其中，DECON 1 的小包装上有一个拉环，方便夜间取用。

1.取出一个装有DECON 2的小包，压碎里面的药囊。

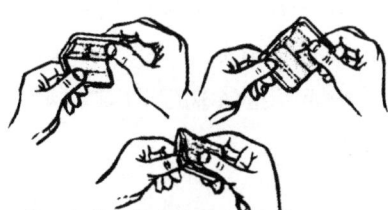

2.按照包装上的实线将小包对折，并捏碎内置药物，再展开。

3.沿着包装口的标志撕开小包，取出毛巾。

4.将毛巾展开，抖落上面的药囊。

5.用毛巾擦拭裸露的皮肤2分钟至3分钟。
首先擦拭双手，接着才擦拭颈部和耳朵。
条件允许的情况下，使用后的毛巾和DECON的外包装需要埋于地下。

▲ M258A1中DECON 2的使用说明。

对设备沾染的化学毒剂消洗

DS2 消毒剂、肥皂水、清洁溶剂或泥浆可以清除附着在武器上的污染物。在消毒后，士兵还应将武器拆卸并清洗上油以防止生锈。对于弹药的消毒，士兵应使用 DS2 消毒剂先清除表面附着物，然后再用沾满汽油的软布进行擦拭，最后自然晾干。

给光学设备消毒时，士兵应使用清洁溶剂清除镜头上的污染物，用软布擦拭其他部位即可，最后自然晾干。

生物毒剂的消洗

当遭受生物毒剂的侵染后，士兵应使用热水淋浴，并涂上肥皂（最好使用杀菌皂）。在此过程中，士兵应先将指甲修剪干净以防刮伤身体致使毒剂直接入体，并在淋浴时用力擦洗身体多毛的部位以防止毒剂存留。如果没有战地洗消站（对严重染有有毒剂、生物战剂、放射性物质的人员、服装、装备进行全部洗消的场所），士兵可将受污染的衣服用热肥皂水反复搓洗（棉质衣物最好用蒸煮的方式消毒）。

受到污染的车辆可用热肥皂水进行冲洗，如果条件允许，可用洗涤剂蒸汽进行冲洗。

第 6 章

战场情报和反侦察

　　士兵将收集到的关于敌人、地形和天气的相关信息进行整理之后，就形成了情报。情报不仅能够帮助指挥官审时度势，做出正确的判断，还有可能会挽救士兵的生命。

关键词：信息来源　报告内容　反侦察方法

士兵在侦察敌情的同时，还要让敌军无法获取我军的情报（这种行为被称为反侦察）。一般来说，反侦察包含以下3个方面：

- 阻止敌军搜集到关于我军计划、目标方位和行动等一切相关信息。
- 发现敌军收集情报的企图。
- 欺骗敌军，并掩盖我军的真实计划和意图。

信息来源

虽然上级指挥官获得情报的途径很多，但士兵一定要对自己充满信心，相信自己能为上级指挥官带来最有价值的情报。一般来说，战场情报的主要来源为：

- 战俘。士兵需要将战俘带到指挥官处，并告知自己从战俘那里知道的一切信息。
- 缴获的文件。这些文件可能记录了非常有价值的情报，士兵需要尽快将它们上交给指挥官。
- 敌军动态。一般来说，指挥官可以从敌军的动态来分析他们下一步的行动。因此，如果士兵看到敌军做出了什么行动，应该尽快报告给指挥官。
- 当地居民。在很多情况下，当地居民都能够接触到敌军，且更了解当地的地形和天气信息。因此，士兵需将从当地居民处获取的消息报告给指挥官。有时候，由于无法确认当地居民是敌是友，所以士兵对于他们提供的消息要持谨慎态度，并尝试从其他渠道去证实这些消息的可靠性。

如何报告

战场环境下，士兵要快捷、准确、完整地将敌军的信息报告给上级指挥官。报告内容需要包括：时间、人物、事件和地点。此外，报告最好采用 SALUTE 格式——即规模、行动、地点、部队单位、时间和装备。为了记住细节，士兵可以写便条或画草图帮助记忆。

SALUTE	格式
Size	规模

Activity　　行动

Location　　地点

Unit　　　　部队单位

Time　　　 时间

Equipment　装备

规模：士兵需要报告自己所看到的敌军数量和车辆数量。如报告"10 名敌军步兵"，而非"一个敌军步兵班"；报告"三辆敌军坦克"而非"一个敌军坦克排"。

行动：士兵需要报告自己看到的敌军做了什么，如"在路上设置地雷"。

地点：士兵需要报告自己在何处看到的敌军。如果士兵带有地图，应尽量在地图上标明坐标，如"GL 874461"。而若是士兵没有带地图，则可以使用一些明显的标志物来描述地点，如"Harm 路，Ken 河桥以南 300 米"。

部队单位：报告敌军的部队单位。士兵在难以判断敌军部队单位时，可以报告自己所看到的每一个细节，例如卡车保险杠上的车牌、敌军部队单位的军装和头饰，或者在敌军军装上缝的彩色领章。同时，标志性的行动和特殊的装备也能暴露敌军的军种。例如，一辆 BRDM 轮式装甲车或许可以表明这是一支敌军巡逻队。

时间：士兵需要报告自己于何时看到敌军在执行某个行动（需要使用当地时间或世界标准时间）。

装备：士兵需要报告自己看到的敌军所携带或使用的装备。如果士兵无法辨识某个装备或车辆类型，可画一张草图交给上级指挥官。

标准的 SALUTE 格式的报告如下所示：

FM: 1st Plt, C Co, 2d Bn, 1/73 Inf.

TO S2,2d Bn, 1/73Inf.

发现 4 辆敌军坦克在坐标 NB613397 和 241730Z 处，沿二号道路向西行进，坦克的行驶速度约为 5 千米每小时。坦克舱口打开，可以看到敌军士兵穿着防护服。

战俘和缴获的文件

战俘是敌军情报的绝佳来源，但士兵在审问战俘时不能违反相关国际法。士兵应该人道地对待战俘，不要从身体或精神上伤害他们。此外，战俘的看管应由在场军衔最高的士兵负责。如果转移战俘需要的时间过长，士兵还应为战俘提供食物、水以及必要时的急救措施，但不能给战俘香烟或糖果等物品——优待或虐待战俘都会影响他在审讯时的表现。

管理战俘

士兵在管理战俘时，应遵循以下规则：

●对战俘进行搜身：一旦捕获战俘，立刻对其进行搜身。士兵应拿走战俘所携带的武器和文件（身份证明文件和防护面具除外），以书面方式记录从战俘处取走的相关物品，并注明战俘的名字或编号。

一般情况下，在对战俘进行搜身时，需要两名士兵——一人负责看守，另一人负责搜身（搜身的士兵禁止站在战俘和看守士兵之间）。搜身时，士兵应要求战俘靠在大树或墙上（也可要求战俘趴在地上或双膝跪在地上），然后再搜查他们的身体、携带的装备和衣物。

●隔离战俘：将战俘按照性别分类后，再依据军衔与政治地位等进行更详细的分组——这是为了防止一些被俘军官趁机教唆士兵逃跑或串供。

●禁止战俘说话，更不能让他们互相交谈。这样做，可有效防止战俘密谋逃跑或相互提醒与串供。此外，战俘说的话或做的事，士兵都需要向上级汇报。

●士兵需要督促战俘去战场后方，并把战俘交给自己的上级，以便进行审问。

●士兵需要保护战俘的安全，且不允许对他们进行虐待。此外，士兵还应该密切注意战俘是否有逃跑的意图，且不能允许战俘到太远的地方去。

●士兵在押送战俘前，先要给他们系上标签。

管理缴获的敌军文件

缴获的敌军文件能够为我军提供很多有价值的情报——这些文件包括官方

▲ 搜身时，看守的士兵与被搜身的战俘之间不能有任何阻挡视线的东西。

PW TAG

DATE/TIME OF CAPTURE ....
PLACE OF CAPTURE ....
CAPTURING UNIT ....
CIRCUMSTANCES OF CAPTURE .... (how it happened) ....

▲ 战俘标签，其需要注明的内容依次为：俘获时间、俘获地点、俘获单位和俘获情况。

DOCUMENT OR EQUIPMENT TAG

```
TYPE DOCUMENT/EQUIPMENT ...........................................
DATE/TIME CAPTURED ...................................................
PLACE OF CAPTURE ...................        (grid coordinates) .........
CAPTURING UNIT
CIRCUMSTANCES OF CAPTURE            (how it happened) ..........
PW FROM WHOM TAKEN ................................................
```

▲ 文件装备标签，其需要注明的内容依次为：文件（装备）类型、缴获时间、缴获地点、缴获单位、缴获情况，以及文件（装备）的所有人。

文件和私人文件。其中，官方文件是指地图、指令、记录与照片等，而私人文件是指信件和日记等。

如果对缴获的敌军文件处理不当就会导致信息丢失或失去时效性。因此，士兵一旦缴获敌军文件，就要马上将文件交给上级处理。一般来说，需要贴在缴获文件上的标签和需要贴在缴获装备上的标签是一样的。

如何反侦察

为了保证敌军不能获得我军行动的情报，士兵必须依照以下规定行事：

●学习伪装理论，锻炼伪装技巧。

●严格执行灯火纪律和声音纪律。

●注意战地卫生。

●正确使用无线通话设备。

●正确使用口令。

●不要把私人信件或照片带入战场。

●不要在交战区写日记。

●在讨论与军事有关话题时要谨防敌军偷听。

●遵守通讯联络代码使用规则。

●检举奸细或对敌军持同情态度的士兵。

●检举想获取我军行动情报的人。

●在即将被俘前销毁所有地图和重要文件。

●不要在公共场合谈论军事行动。

●只与相关人士谈论军事行动。

●提醒战友尽到反侦察义务。

第 7 章

通讯

通讯是指两方或多方交换信息，包括信息的发送和接收。而通讯的内容则包括：看到的事物、正在执行的任务、任务完成情况、下一个任务的安排请求以及需要的支援等。士兵必须要掌握如何与上级和战友通讯的技术技巧。

关键词：通讯方式 通讯安全 通讯设备

通讯方式

每种通讯方式都有自身的优点和缺点，本节将对它们做一个全面的讲解。

无线电通讯

无线电通讯是一种被广泛应用的通讯方式。当士兵需要在行进状态中收取或发出命令时，无线电通讯是一个不错的选择。在战场环境下，每一个作战班排，都配备有用于近距离通讯的便携手持式或背包式无线电设备。如果要营造远距离或一对多的通讯环境，则士兵需要使用更大尺寸、内部构造也更复杂的无线电设备。

为了让无线电设备正常工作，通讯双方必须具有同样的频率，并能发射和接受相同的信号。但是，目前大部分步兵使用的是调频（FM）无线电设备，无法与使用调谐（AM）无线电的部队实现通讯。另外，士兵必须正确安装无线电上的抗扰装置以实现其正常工作。

▲ 战场常见通讯方式。

影响无线电设备接收范围的有天气、地形、天线、电能和设备放置的位置等因素。而且，在一些建筑物旁进行通讯也会影响其效果。

当你在电线或发电机附近使用无线电进行通讯时，常会出现干扰。此外，在其他无线电机台附近或坏天气以及敌人的干扰下，通讯质量都会受到影响。

我们可以依靠常识来解决无线电通讯不畅的问题，例如，不要在发电机、电力线、金属桥梁附近通话；尽量使用较灵敏的天线，以及在接收信号较好的位置；使用反干扰技术来减少敌军的干扰。

无线电设备的保密性非常差。每当用它进行通讯时，你的声音信号实际上是在向四周传播，也就是说，当你与友军通过无线电通讯时，敌军可以轻易截获你们谈话的内容。你必须意识到通过无线电通讯，敌军可能掌握你所在作战单位的信息和位置，并由此可能对你们开火攻击。每一个使用无线电通讯的士兵都必须了解一些无线通讯的安全手段以防止敌军从你的通讯中得到情报。

视觉信号通讯

由于无线电通讯很容易被敌军干扰，因此视觉信号通讯更适用于下达命令和实现控制。视觉信号通讯包括身体语言、烟火、烟幕、手电筒和信号板标志等。

视觉信号通讯是否顺利，依赖于发出信号者和接收信号者是否都知道信号所预设的含义。一般说来，由指挥官为烟火、烟幕和手电筒等信号预设不同的含义，同时，在士兵标准操作程序（SOP）和电子通信操作说明（CEOI）上也有关于信号对应含义的说明。

信号板标志是用标准布块铺在地面上实现与空中飞机的信息交流。当地面部队与飞机无法取得无线通信联系时，可以使用该方法。在没有标准的布块时，也可以使用衣服、树干、石头或雪作为替代物。

信号板码与身体语言十分相似，也必须先预设定好每个符号的意义。

视觉信号通讯受很多因素的限制，例如，视觉信号可能引起误解，也可能受限于较差的能见度（如黑夜、茂密的植被）。有时，敌军也可能截获视觉信号，并按照同样的规则发出信号混淆我军的判断。

声音通讯

与视觉信号一样，声音信号也能被赋予一系列含义。声音信号是指用嗓音、哨子、喇叭、武器和其他发音装置发出声音，可在短距离内传递简单含义。声音信号也同样容易被敌军拦截和使用，同时，战场上的喧嚣声会影响声音信号的传播。声音信号最适合用作于警告。一般由当地指挥官为声音信号赋予含义，同时也可在士兵标准操作程序（SOP）和电子通信操作说明（CEOI）上找到关于信号对应含义的说明。不过需要注意的是，声音和视觉信号都容易引起误解。

有线电话通讯

有线电话是步兵常用的另一种通讯方式。虽然安装电话线路用时较长，但其安全性却比无线电通讯强。当使用有线电话交谈时，声音信号是在电话线里传播的，而非无线电那样在空气中传播，因此有线电话的通讯质量更高，也更不容易受到地形、天气和人工障碍物的影响。此外，使用有线电话通讯也可以杜绝敌军的电子干扰。

由于电话线容易被炮火、空袭破坏，所以必须要选择在合适的地点架设电话线以防止损坏。同时，还需要考虑战场情况，部队只是匆匆路过的区域不适合架设电话线。反之，在一个相对固定的区域，会有更充裕的时间架设电话线。

如前所述，无线电容易被敌军干扰，并可能会暴露我军的位置，如果敌人确实显示了这样的侦察能力，则应该用有线电话取代无线电。但是电话线的铺设受地形的影响，植被茂盛的地区、山区和沼泽都会加大铺设的难度。此外，影响电话线铺设的还有天气因素（如雨、雪和极端气温等）。

通讯兵

与步兵的其他通讯方式不一样，通讯兵不仅可以运送大型地图、文件和物体，还能传达口信和便条。然而，这种通讯方式也有缺点，例如敌军经常会优先抓捕或攻击通讯兵。此外这种通讯方式比无线电和有线电话更花费时间，且信息发出者与接受者无法进行实时交流。

无线电话通信程序

无线电话通信程序是一种使用无线电或有线电话进行通讯的固有程序。通过无线电话通信程序进行交流的速度很快，精确度也较高。以下的规则将有助于更高效、安全地交流。

● 传达的信息要清楚、完整、准确，如果可能，提前打好草稿。

● 说话时，声音清楚、缓慢、自然，每一个单词发音准确。

● 通话要有次序，在对方未说完前勿打断对方说话，否则容易导致遗漏信息或产生误解。

● 保证信息安全。

音标字母

为了区分读音易混淆的字母或数字，军队建立了一套更清楚、更容易理解的读音体系。这一体系可以避免误解，提高交流的效率。例如字母 B 经常与 D

单词发音					
字母	单词	口语	字母	单词	口语
A	ALPHA	AL FAH	N	NOVEMBER	NO VEM BER
B	BRAVO	BRAH VOH	O	OSCAR	OSS CAH
C	CHARLIE	CHAR LEE/ SHAR LEE	P	PAPA	PAH PAH
D	DELTA	DELL TAH	Q	QUEBEC	KEH BECK
E	ECHO	ECK OH	R	ROMEO	ROW ME OH
F	FOXTROT	FOKS TROT	S	SIERRA	SEE AIR RAH
G	GOLF	GOLF	T	TANGO	TANG GO
H	HOTEL	HOH TELL	U	UNIFORM	YOU NEE FORM/ OO NEE FORM
I	INDIA	IN DEE AH	V	VICTOR	VIK TAH
J	JULIETT	JEW LEE ETT	W	WHISKEY	WISS KEY
K	KILO	KEY LOH	X	X RAY	ECKS RAY
L	LIMA	LEE MAH	Y	YANKEE	YANG KEY
M	MIKE	MIKE	Z	ZULU	ZOO LOO
注意：读音的黑体音节需重读。此外，士兵在交流时如果遇到熟悉的单词，需读出该词的读音，并在说"I Spell"后，拼读其组成字母。如果士兵遇到不熟悉的单词，可以先说"I Spell"，然后再直接将该词的组成字母逐个读出来。					

混淆，但如果按照音标体系将 B 和 D 分部读作 BRAVO 和 DELTA 就可以避免误解。读音体系具有以下作用：

- 表达单个字母。
- 表达组成缩略词的字母。
- 拼读不常用或不熟悉的单词。

例如士兵在传达 "MANEUVER" 这个单词时，可以先读读音，然后说 "I SPELL"，再将组成字母按音标体系读出即可。如果不能读出这个单词也不需勉强，可以在先说 "I Spell" 后直接将该词的组成字母逐个按音标读出。

通常情况下，士兵在传达多位数时，可以一个数字一个数字的按音标读出。

数字的读音	
数字	口语
0	ZE-RO
1	WUN
2	TOO
3	TREE
4	FOW-ER
5	FIFE
6	SIX
7	SEV-EN
8	AIT
9	NIN-ER

多位数的读音	
数字	口语
44	FOW-ER FOW-ER
90	NIN-ER ZE-RO
136	WUN TREE SIX
500	FIFE ZE-RO ZE-RO
1200	WUN TOO ZE-RO ZE-RO
1478	WUN FOW-ER SEV-EN AIT
7000	SEV-EN TOU-SAND
16000	WUN SIX TOU-SAND
812681	AIT WUN TOO SIX AIT WUN

通讯省略语

在通讯中使用一些具有清晰含义的省略语，既可以减少通讯时间，也可以避免混淆。

通讯省略语	含义
ALL AFTER	THE PART OF the message to which I refer is all of that which follows.
ALL BEFORE	The part of the message to which I refer is all of that which precedes.

AUTHENTICATE	The station called is to reply to the challenge which follows.
AUTHENTICATION IS	The transmission authentication of this message is_____
BREAK	I hereby indicate the separation of the text from other parts of the message.
CORRECT	You are correct ,or what you have transmitted is correct.
CORRECTION	An error has been made in this transmission. Transmission will continue with the last word correctly transmitted. An error has been made in this transmission(or message indicated). The correct version is that which follows is a corrected version in answer to your request for verification.
FLASH	Flash precedence is reserved for alerts, warnings, or other emergency actions having immediate bearing on national, command, or area security (e.g., presidential use; announcement of an alert; opening of hostilitie; land, air, or sea catastrophles; intelligence reports on matters leading to enemy attack; potential or actual nuclear accident or incident; implementation of services unilateral emergency actions procedures).
FROM	The originator of this massage is indicated by the address designator immediately following.
GROUPS	This message contains the number of groups indicated by the numeral following.
I AUTHENTICATE	The group that follows is the reply to your challenge to authenticate.
IMMEDIATE	Immediate precedence is reserved for vital corn. munications that (1) have an immediate operational effect on tactical operations, (2) directly concern safety or rescue operations, (3) affect the intelligence community operational role (e.g., initial vital reports of damage due to enemy action; land, sea, or air reports that must be completed from vehicles in motion such as operational mission aircraft; intelligence reports on vital actions in progress; natural disaster or widespread damage; emergency weather reports having an immediate bearing on mission in progress; emergency use for circuit restoration; use by tactical command posts for passing immediate operational traffic).
I READ BACK	The following is my response to your instructions to read back.
I SAY AGAIN	I am repeating transmission or part indicated.

I SPELL	I shall spell the next word phonetically.
MESSAGE	A message which requires recording is about to follow. Transmitted immediately after the call. (This proword is not used on nets primarily employed for conveying messages. H is intended for use when messages are passed on tactical or reporting nets.)
MORE TO FOLLOW	Transmitting station has additional traffic for the receiving station.
OUT	This is the end of my transmission to you and no answer is required.
OVER	This is the end of my transmission to you and a Response is necessary. Go ahead: transmit.
PRIORITY	Priority precedence is reserved for calls that require prompt completion for national defense and security, the successful conduct of war, or to safeguard life or property, and do not require higher precedence (e.g., reports of priority land, sea, or air movement; administrative, intelligence, operational or logistic activity calls requiring priority action; calls that would have serious impact on military, administrative,intelligence, operational, or logistic activities if handled as a ROUTINE call). Normally, PRIORITY will be the highest precedence that may be assigned to administrative matters for which speed of handling is of paramount importance.
RADIO CHECK	What is my signal strength and readability. In other words, how do you read (hear) me?
READ BACK	Repeat this entire transmission back to me exactly as received.
RELAY	Transmit this message to all addressees immediately following this proword.
ROGER	I have received your last transmission satisfactorily, and loud and clear.
ROUTINE	Routine precedence is reserved for all official communications that do not require flash, immediate, or priority precedence.
SAY AGAIN	Repeat your last transmission or the part indicated.
SILENCE (Repeated three or more times.)	Cease transmissions on this net immediately. Silence will be maintained until lifted. (When an authentication system is in force, the transmission imposing silence is to be authenticated.).
SILENCE LIFTED	Silence is lifted(When an authentication system is in force, the transmission lifting silence is to be authenticated.).

SPEAK SLOWER	You are transmitting too fast. Slow down.
THIS IS	This transmission is from the station whose designation immediately follows.
TIME	That which immediately follows is the time or date–time group of the message.
TO	The addressees immediately following are addressed for action.
UNKNOWN STATION	The identity of the station with whom I am attempting to communicate is unknown.
WAIT	I must pause for a few seconds.
WAIT–OUT	I must pause longer than a few seconds.
WILCOX	I have received your signal, understand It, and will comply. To be used only by the addressee. As the meaning of ROGER is included in that of WILCO, the two prowords are never used together.

通讯安全

通讯安全可以保证未经授权的士兵不能通过无线电或电话获取重要信息,通讯安全包含以下方面:

● 启用身份验证,以确保其他通讯站仍为友军所掌握。

● 使用被认可的代码。

● 规定所有电台的关闭时间。

● 限制无线电发射台的使用,监管无线电接收器。

● 在低发射功率的情况下操作无线电。

● 加强纪律,严格执行无线电话程序(所有的电台都必须使用经过授权的统一符号和省略语,且只能用于官方通信)。

● 无线电台需建立在与敌军所在地有屏障的地方。

● 尽可能使用定向天线。

无线电设备

士兵应该熟悉 AN/PRC-77 型无线电、AN/PRC-68 小型收发两用机以及用 AN/PRT-4 作为发射机，AN/PRR-9 作接收机的无线电台。AN/PRC-77 型无线电的标准通信距离为 5 千米到 8 千米，含电池重量约 12 千克，电池（BA-4368）的续航力为 60 小时。AN/PRC-68 型无线电（小型收发两用机）的标准通信距离为 1 千米到 3 千米，含电池重量约 9.9 千克，电池续航力为 24 小时。AN/PRT-4 无线电设备可以提供两个频道，此设备可以传达 TONE 和 VOICE，由电池（BA-399）供电，其续航力为 35 小时。AN/PRR-9 无线电设备不能同时接受两个频道，该电台可以使用两种电池进行供电，一种是续航力为 14 小时的 BA-505/U 干电池，另一种是可以持续供电 28 小时的 BA-4504/U 镁电池。

AN/PRC-77 型无线电的操作步骤：

1. 安装电池。

2. 将电池舱复原并同时锁好电池门。

3. 选择天线及底座，并将其收紧。

4. 连接手持话机。

5. 选择频段。

6. 用滚动旋钮选择频道。

7. 将功能打开。

8. 用声音控制滚动旋钮调节声音。

9. 按下受话器的通话按钮开始说话，松开按钮则是受话。

10. 将音量调到满意程度。

AN/PRC-68 型无线电的操作步骤：

1. 安装电池。

2. 按照上级指示调节到使用频道（从 0 到 9）。

3. 连接手持话机。

4. 连接天线。

5. 将 POWER OFF/ON/SQUELCH 推到 ON 的位置。

6. 将 POWER OFF/ON/SQUELCH 推到 SQUELCH 的位置。由于此开关由弹簧控制，因此一旦松开会自动回到 ON 的位置。

7. 用声音控制滚动旋钮调节接收信号大小。

8. 按下受话器的通话按钮或无线电设备背面开始说话，松开按钮则是受话。

AN/PRR-9 无线电设备的操作步骤为：

1. 将 BA-505/U 管状电池通过电池夹插入接收器的咬合连接器。

2. 将接收器固定在头盔上。

3. 把天线螺丝拧松，将天线旋转至垂直方向后拧紧固定螺丝。

4. 调节接收器。

如果接收器需要噪音抑制，将接收器控制旋钮由 OFF 顺时针方向旋转，此时若能接受到声音，调节至合适的音量即可。再次启动静音的操作是：将控制旋钮转到 OFF，接着再向 ON 方向回转一半的距离。

如果不需噪声抑制，将接收器控制旋钮由 OFF 顺时针方向旋转到尽头，然后再逆时针旋转到一个合适的音量即可。在信号较弱或地形不利于接收信号时，不要使用噪声抑制。

5. 将 AN/PRR-9 无线电台用带子或夹子固定在口袋、皮带或头盔上。

AN/PRT-4 无线电设备的操作步骤为：

1. 打开电池门。

2. 将一个 BA-399/U 电池放进发射器底部的咬合连接器里。

3. 锁好电池门。

4. 将折叠天线拉至最长。

5. 无线电设备上部的选择开关被移到 CH-1 表示频道 1 已打开，选择开关被移到 CH-2 表示频道 2 已打开.

6. 调节 TONE-VOICE 开关。

7. 当使用 TONE 信号时，将 TONE-VOICE 开关推到 TONE, 直到结束时，再把开关复原。当需要语音交流时，将 TONE-VOICE 开关推到 VOICE, 使用频道选择开关上方的麦克风说话。直到谈话结束时，再把开关复原。由于 AN/PRT-4 只允许一种通信方式，所以要根据需求将超负荷弹簧移到 VOICE 或 TONE。

8. 将 AN/PRT-4 系在口袋、皮带或吊环上。

电话装置

在防御阶段，作战单位通常利用电话或派遣通讯员进行通讯。因此，士兵必须掌握架设电话线，以及安装和操作电话的技能。

一般来说，士兵可将表线铺设于地面上，并用绳子将它们松松的固定以便于安装和维护（表线的铺设不需要花太多的兵力和时间）。如果条件允许，士兵也可以挖一些浅沟，将表线埋进去避免它被弹片破坏。此外，如果要将表线铺设在空旷地带，应该隐藏电话路线以防被敌人发现。值得注意的是，士兵一定要在所有的表线上贴上标签，注明该线连接的地点，以备日后检修。

地面上的高架线一般架设在阵地指挥所、集合场所或一般道路附近。相对于普通线路而言，高架线不容易被车辆和天气损坏。

第 8 章

急救和个人卫生

在医护人员到达现场之前，士兵自发对伤员进行照顾和治疗被称为急救；为了保护自己和他人的健康而采取的行动则被称为个人卫生。士兵如果知道如何急救和保持个人卫生，不仅能使自己幸存下来，还能挽救战友的生命。

关键词：救生措施 急救该做与不能做的事 个人卫生

在战场上，每位士兵都会得到一个必须随身携带的急救包。在士兵对战友实施急救时，应首先使用受伤者自己的急救包。如果士兵采取的急救措施得当，不仅可以拯救战友的生命，还能让他尽快恢复健康。

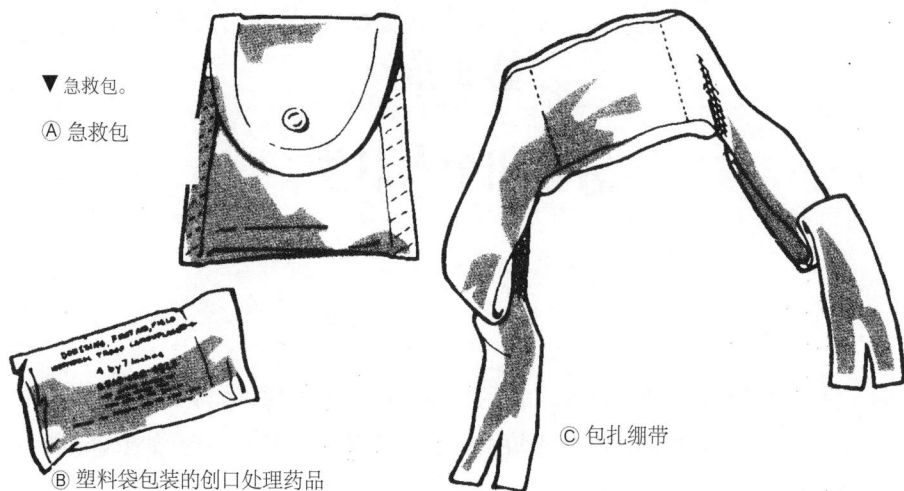

▼急救包。

Ⓐ 急救包

Ⓑ 塑料袋包装的创口处理药品

Ⓒ 包扎绷带

急救措施

士兵在受伤时，必须立刻实施自救（如士兵无力自救，那战友应对其进行急救）。一般来说，需要首先实施的急救措施如下：

● 保证自己或伤员的呼吸道畅通。如伤员已无呼吸或心跳，应立刻尝试恢复其呼吸或心跳。

● 止血。

● 防止自己或伤员休克。

● 包扎伤口。

士兵在对战友实施急救时，一定要保证伤员的呼吸道畅通，且检查其呼吸和心跳状况。其中，最重要的就是检查伤员的呼吸道——如果伤员无法通过呼吸摄入氧气，心跳将会停止。因此，在救助伤员时，士兵应首先查看其是否还有呼吸——如果伤员的呼吸已经停止，则应采取以下措施恢复呼吸：

●让伤员平躺，救助者蹲在伤员头部一侧。

●清理伤员的呼吸道，移开任何会引起堵塞的物体。

●将一只手垫在伤员的颈下，另一只手放在伤员的前额。然后，垫在颈下的手向上抬举，放在前额的手向下按压，以此拉长伤员的颈部，让可能会压在他气管上的舌头移开，从而使伤员的呼吸道变得畅通。

Ⓐ 伤员的呼吸道被舌头堵住　　　　　Ⓑ 伸展颈部，畅通呼吸道

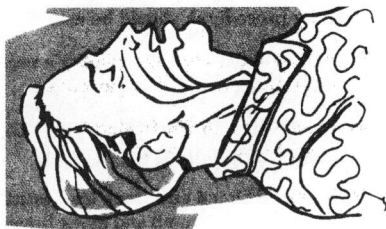

▲ 畅通呼吸道。

检查呼吸。当伤员的呼吸道畅通后，救助者还应按照以下步骤检查他是否还有呼吸：

●将耳朵靠近伤员的鼻子和嘴巴进行倾听（倾听5秒钟即可）。

●查看伤员的胸腔是否还在起伏。

●通过聆听与触摸来感觉伤员的呼吸情况。

▼检查呼吸。

通过看、听、触摸等方式检查呼吸情况

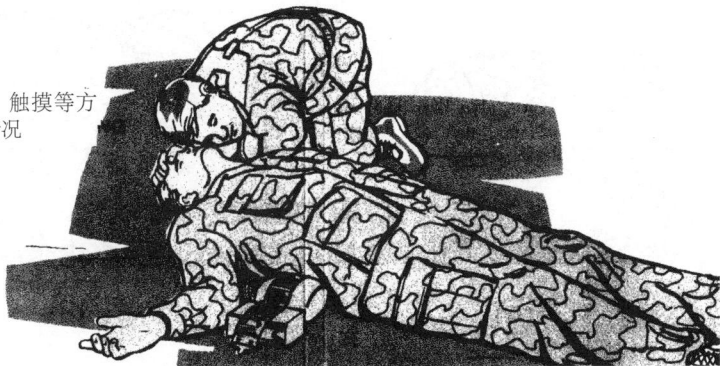

恢复呼吸。如果伤员没有任何呼吸的迹象，立刻实施口对口人工呼吸，遵循以下步骤：

- 将一只手垫在伤员颈下，使他的头部尽量向后仰，保持呼吸道畅通。
- 用另一只手放在伤员前额。
- 用放在伤员前额的手的拇指和食指捏住其鼻子。
- 用放置在伤员颈下的手将其下颌托起，使伤员张开嘴。
- 深吸一口气，然后将自己的嘴压在伤员嘴上。
- 向伤员口中吹气，并尽量不要漏气。
- 连续向伤员口中吹入四五口气。
- 检查伤员是否开始自然呼吸。
- 如果伤员还没有开始自然呼吸，每隔 5 秒钟重复以上步骤，直到伤员恢复自然呼吸。

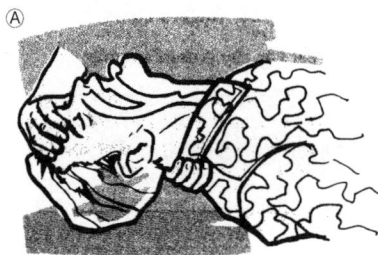

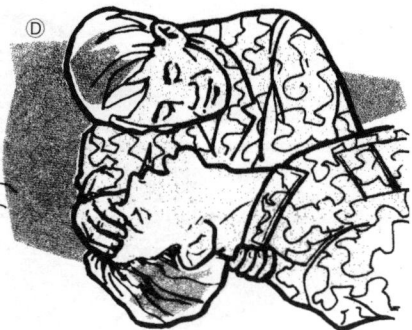

▲ 口对口人工呼吸。

做人工呼吸时，如果无法将空气吹入伤员口中，应重新调整伤员头部的位置，并再次尝试。如果伤员的呼吸道还没有畅通，可将他调整为侧躺姿势，用手掌根猛击他肩胛骨之间的位置使异物排出。

检查心跳。当发现伤员不省人事时，应马上检查他是否还有心跳与呼吸。检查心跳的步骤为：

●将伤员头部向后仰。

●检查者将手指放在他的喉部。

●找到伤员的喉结位置，然后将手指沿着喉结移向喉咙侧面，找到动脉，感觉伤员是否还有脉搏。

Ⓐ 找到喉结　　　　　　　　　　　Ⓑ 将手指放在颈动脉上感觉脉搏

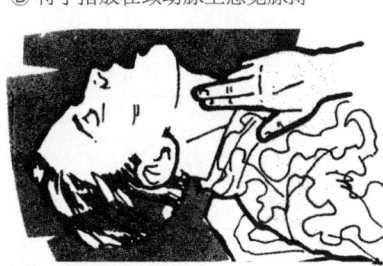

如果伤员没有脉搏，马上为他实施心脏按摩。

▲ 检查心跳。

恢复心跳。如果伤员没有心跳，应该马上实施心脏按压。耽搁时间越长，就越容易因为缺氧而造成大脑的永久性损伤。以下是缺氧时间与大脑损伤的关系表。

缺氧时间与大脑损伤关系表	
0-4分钟	不会造成损伤
4-6分钟	可能会造成损伤
6-10分钟	很可能会造成损伤
10分钟以上	绝对会造成损伤

心脏按压主要是通过挤压心脏区域，迫使心脏内的血液流动，刺激心脏恢复跳动。如果需要同时进行口对口人工呼吸和心脏按压，需要遵循以下步骤：

●施救人跪在伤员身边。

●按照前面所讲的那样，施救人在深呼吸后将空气吹入伤员口中，连续操作4次使伤员肺部充满气体（为保持伤员呼吸道畅通，要将他的头部向后仰）。

如图A所示，找到伤员的胸椎骨末端，将另一只手掌根放在胸骨末端上方两指宽处（如图B示）。

●施救人两手重合，十指交叉以每分钟80次的速度反复按压心脏。

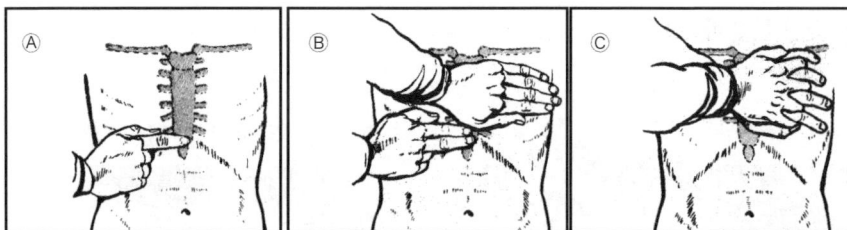

▲ 心脏按压示意图。

●施救人将身体向前靠，肘部绷紧，不要弯曲。

●压迫的轻重以胸骨下陷3.8厘米到5厘米为宜，按压时的动作要迅速，松手时要从容缓慢。

▼ 给肺部充气并按压胸部。

Ⓐ 吹气
对口吹气两次，使肺部充满空气、胸腔扩张。

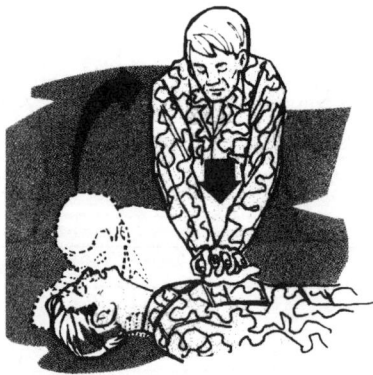

Ⓑ 按压
以每分钟80次的频率，连续按压15次，然后再次吹气两次，如此交替进行。

●按压 15 次后，松手，然后做口对口人工呼吸 2 次，反复进行，直到病人恢复心跳，能自然呼吸为止。

如果现场有两位士兵，则可以一个人做人工呼吸，另一个人按每分钟 80 次的节奏做心脏按压。不过，施救程序稍有差异：每做 5 次心脏按压后，做 2 次人工呼吸。

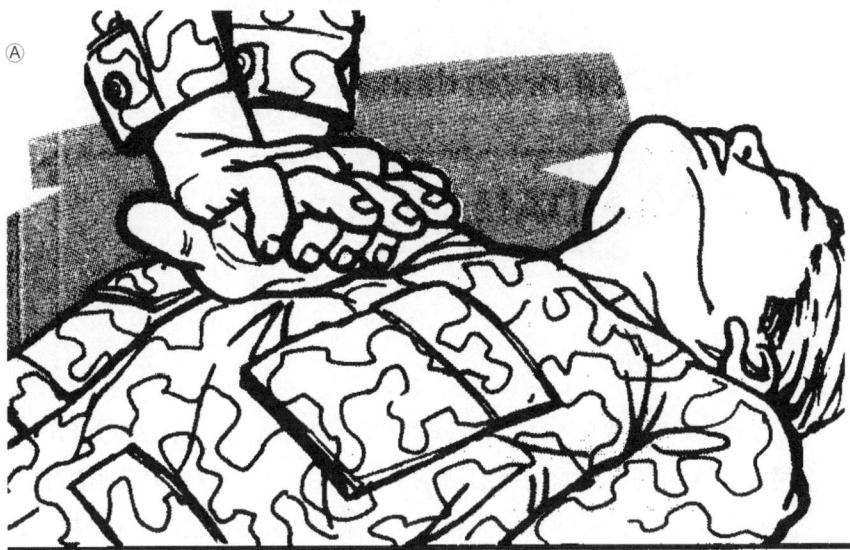

Ⓐ

Ⓑ

下压3.8—5厘米为宜

▲ 实施急救正确的姿势。

B 人工呼吸

C 心脏按摩

A 畅通呼吸道

▲ 两个人实施急救。

止血

在伤员恢复呼吸和心跳后，接下来要做的就是止血。首先，要找到伤口的位置并注意不要遗漏，例如伤员被子弹射中，就不光要找到子弹射入处的伤口，还要查找射出时留下的伤口。通常情况下，子弹射入造成的伤口比子弹射出造成的伤口要小。

在找出所有的伤口后，要做的就是按照以下步骤止血：

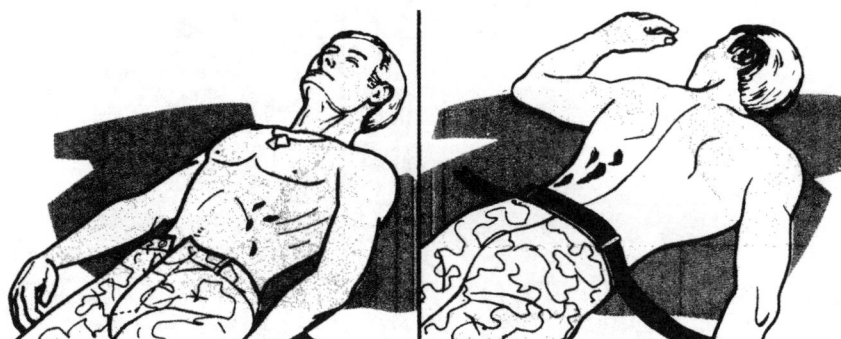

▲ 检查全身的伤口。

●将伤员伤口处的衣服解开或剪开，不要碰触到伤口。

●用战场急救包里的药物覆盖伤口，在操作过程中一定要注意不要污染药品和伤口。具体步骤是先将药品从密封塑料袋中取出，扭动几下，去除纸质包装。再用双手抓紧药包两端，将其展开（注意不要接触即将敷在伤口上的那一面）。最后，用药包裹伤口，包扎后将药包两端系在一起打平结（尽可能将结打在伤口上方）。

▲ 去除纸质包装。

▲ 展开药包。
将纱布覆盖在伤口上。

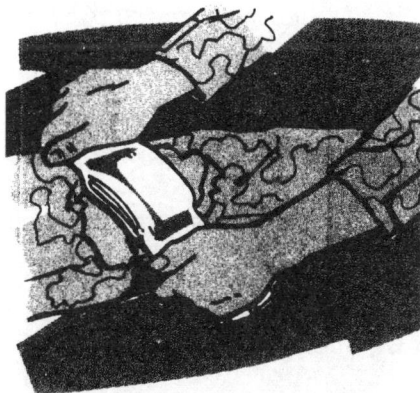

▲ 将药包覆盖于伤口上。

▲ 打平结。

●如果包扎好后，伤口继续流血，则可用手按压伤口 5 到 10 分钟帮助止血。

◀按住绷带。

●如果压力不够，无法止血，可将一块厚垫子或石头压在伤口的药包上，并用绷带扎紧（加压包扎法）。

◀加压包扎法。

●伤口如果是在四肢上，可以抬高受伤的肢体，使其高于心脏的位置（这将有助于减缓血流速度和止血）。但如果四肢有骨折现象，只有在上好夹板的情况下，才能进行上述操作。

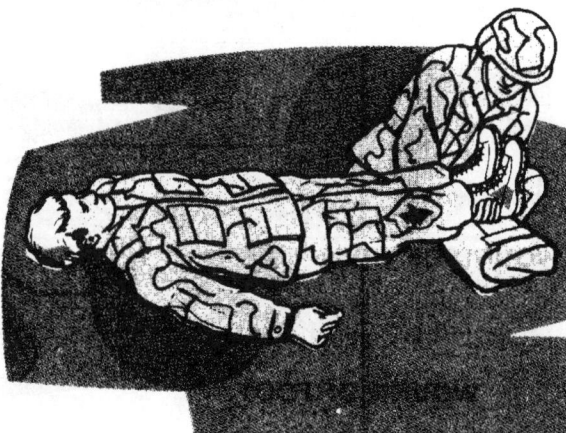

▲腿部受伤时，可抬高双腿。

●如果受伤后，血液从伤口中喷射而出，则说明伤口处有动脉。这时，可通过按压伤口附近大动脉的方式来减缓血流的速度。下图标出了不同伤口对应的按压位置，即加压止血点。

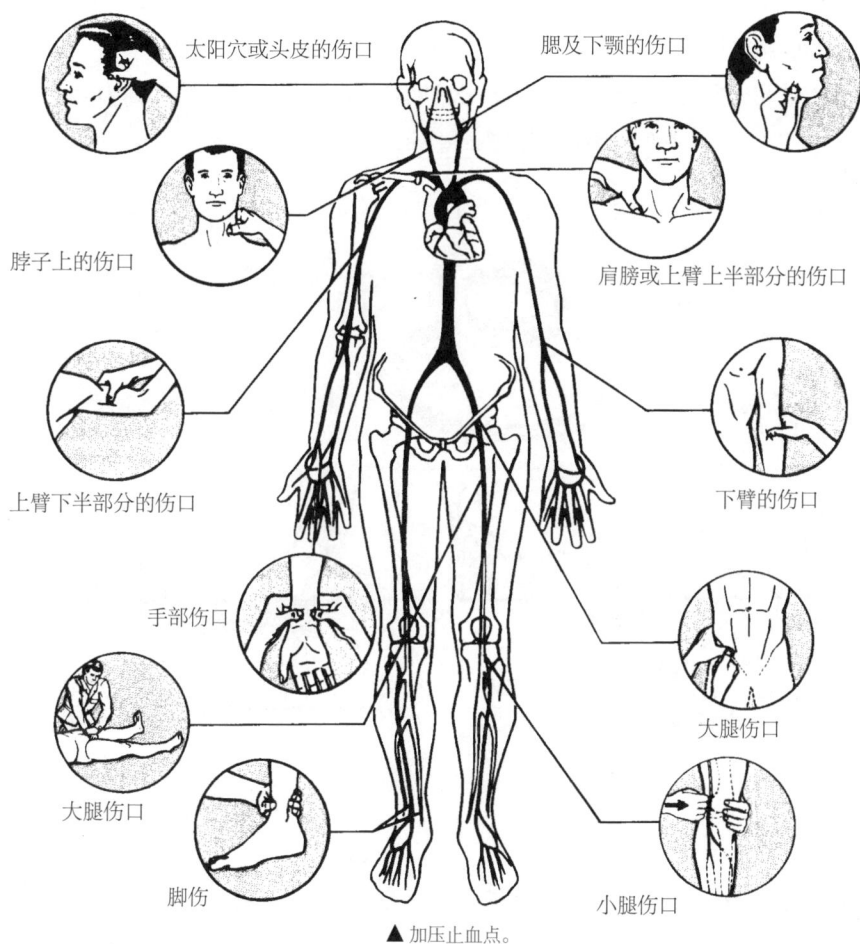

太阳穴或头皮的伤口

腮及下颚的伤口

脖子上的伤口

肩膀或上臂上半部分的伤口

上臂下半部分的伤口

下臂的伤口

手部伤口

大腿伤口

大腿伤口

脚伤

小腿伤口

▲ 加压止血点。

●如果前面的所有方法都无法止血，请立刻使用止血带，这也是战场环境下唯一的对策了。上止血带的标准部位为：上肢在上臂的上 1/3 处（中 1/3 处易造成桡神经损伤），下肢在大腿的中下 1/3 的交界处。如创伤较重，为减少组织缺氧范围，在前臂和小腿，可把止血带靠近伤口约 5 到 10 厘米的位置捆扎。一旦扎好，就不要放松或移动止血带。不过，原则上应尽量缩短使用止血带的时间（以 1 小时左右为宜）。当气候寒冷、肢体温度低时，使用止血带的时间可稍长些，一般可持续 4 — 5 小时。需要切记的是，长时间使用止血带可能会导致肢体坏死。

使用止血带时要有明显标志，并注明扎止血带的时间（可以在伤员前额写一个"T"），并迅速将伤员送至野战医院。

Ⓐ 打一个平结做成布环将其套在四肢上。

Ⓑ 将一根棍子、刀鞘或刺刀穿过布环。

Ⓒ 扭动棍子，将止血带尽量扎紧以防止动脉继续出血。

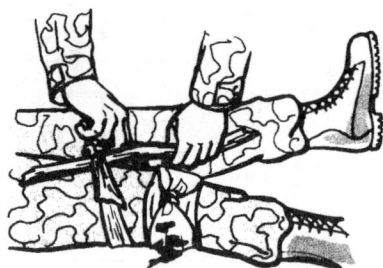

Ⓓ 把棍子未固定的一端捆在四肢上，防止止血带松开。

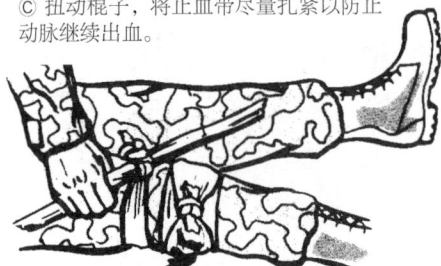

▲ 上止血带。

防止休克

有的情况下，虽然伤员的伤口并不致命，但是如果引起休克，不及时治疗的话，伤员就会有生命危险。

休克出现的前兆为：烦躁不安、口渴、皮肤苍白以及心跳加快。休克时，伤员可能会表现出亢奋或平静疲惫的神情。如果伤员的呼吸开始变得微弱、急促、喘息，双眼开始变得无神，嘴唇四周也开始出现浅蓝色斑块，就说明他的病情开始加重，情况变得十分危急。

在分别使用人工呼吸和心脏按压对伤员进行急救后，如果发现其还有休克症状，应立刻采取以下措施：

●解开伤员的衣服，松掉腰带，确保其随身物品不会阻碍血液循环。

Ⓐ 抬高双腿

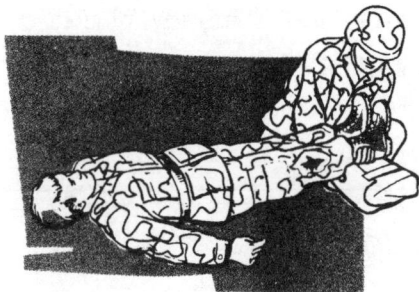

Ⓑ 解开衣服

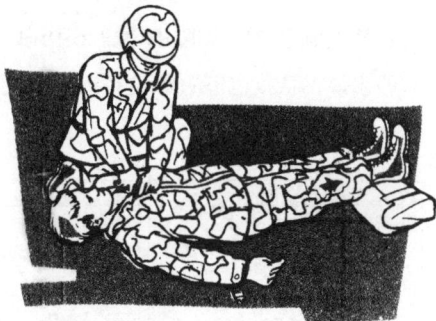

Ⓒ 盖上被子为伤员保暖

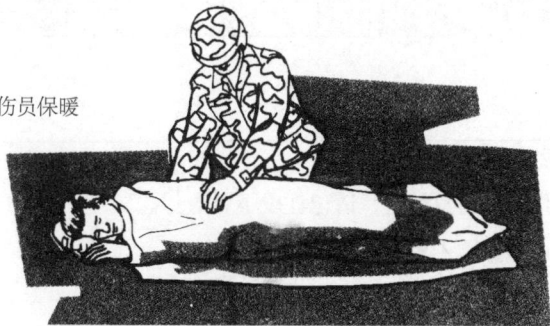

▲ 防止休克。

●稳定伤员情绪，并加以鼓励，坚定其求生的信念。

●让伤员躺好。其睡姿由伤员的身体状况决定。如果伤员意识清醒，使其仰卧，足部垫高约 15 到 20 厘米。如果伤员昏迷，令其侧躺（若伤员腹部不适或受伤，头要侧向一边）。如果伤员头部受伤，要抬高头部使其高于身体其他部位。如果伤员脸部或颈部受伤，可以保持前面提到昏迷者采用的姿势，或将其上身扶起，让伤员身体前倾、头部下垂。如果伤员胸部受伤，要将其上身扶起或向伤口方向侧躺。

●注意给伤员保暖，必要时盖上斗篷或毯子。

包扎伤口

伤口的愈合在很大程度上取决于初期护理的好坏，伤口被污染或感染都会对伤口的愈合造成极大影响。

为了避免伤口被污染，应尽快使用药包和绷带进行包扎和止血。首先，将药包从战地急救包里取出，覆盖在伤口上。然后，再用绷带固定药包位置并包扎。一般来说，急救包里的药包上会配有用于固定的绷带。

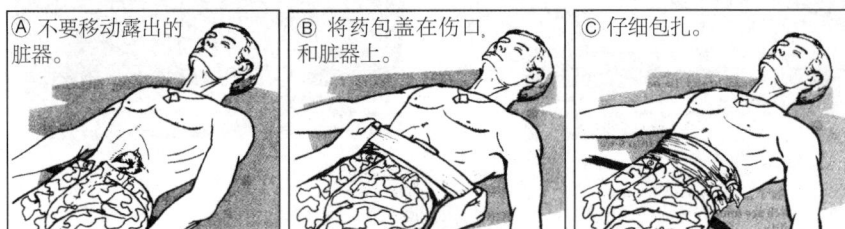

Ⓐ 不要移动露出的脏器。　Ⓑ 将药包盖在伤口和脏器上。　Ⓒ 仔细包扎。

▲ 包扎伤口。

急救时该做与不该做的事

在对伤员进行急救时，请记住以下要点：

●保持冷静，不要急躁。

●鼓励伤员，并仔细检查他的身体状况。

●在需要时，实施急救。

- 伤员昏迷或脸部、颈部受伤时，不要令其仰卧。

- 动作轻柔地脱下伤员衣物。

- 不要试图去触碰或清洁伤口，包括烧伤。

- 止血带一旦上好，就不要解开。

- 非特殊情况下不要移动未上夹板的骨折伤员。

- 不要给昏迷、恶心呕吐或颈腹部受伤的伤员喝水。

- 伤员头部受伤时，将其头部抬高。

- 不要将露出的脏器或脑组织放回伤口。

- 不要在烧伤部位上药。

- 只有在有能力或有必要时，才实施急救。

个人卫生

在过去，个人卫生被认为等同于个人清洁，但实际上个人卫生所包含的内容远多于个人清洁。简单来说，就是个人卫生包括一切保持人类健康的实践活动。其重要性体现在：

- 可以消灭环境中的致病菌。

- 可以杜绝致病菌的传播。

- 可以促进士兵的健康。

- 可以让士兵展示良好的精神风貌，鼓舞士气。

个人清洁

皮肤：经常用肥皂和水从头到脚清洗身体，尤其注意清洗腋窝、腹股沟、面部、耳朵、双手和双脚。如果没有浴桶或淋浴条件，可用毛巾蘸肥皂水擦拭。

毛发：保持头发的清洁，经常理发。用肥皂和水洗头，至少一周一次。如果条件允许，经常剃须修面，不要与他人共用刮胡刀和梳子。

双手：饭前便后，以及处理完污物后必须用水和肥皂洗手，保持指甲清洁干净，不留长指甲，也不要咬指甲，挖鼻孔及挠痒。

衣服和卧具：如果条件允许，应勤换勤洗衣服和卧具。如果条件有限，无法经常换洗衣服和卧具，可以通过拍打来抖落衣服和卧具上的灰尘，并利用暴晒来达到灭菌的目的。

口腔牙齿护理

经常使用正确的方法清洁口腔和牙齿，可预防龋齿和牙龈疾病。最健康的口腔护理方式就是在饭后使用正确的办法，彻底用牙膏与牙刷清洁牙齿。如果条件有限，没有牙刷，可从树上折下一根树枝，把一端的树皮纤维磨蓬松当牙刷使用。如果条件允许，可使用漱口水来清洁口腔，用牙签和牙线清洁牙缝中的食物残渣。

◀用小树枝制成的牙刷。

足部护理

每天清洗双脚并擦干，勤换袜子。在条件允许的情况下，可涂上足粉用以杀菌、减少皮肤摩擦，并吸收汗液。在去过潮湿的地方后，尽快擦干双脚，涂上足粉，并换上干净袜子。

◀更换袜子，涂上足粉。

食物和饮料

　　为了保持身体健康，维持足够的精力参加战斗，士兵的食物必须包含以下营养元素：

- 蛋白质
- 脂肪和碳水化合物
- 矿物质
- 维生素
- 水

　　一般来说，在军队派发的口粮中均含有适量的营养物质。因此，士兵应将口粮作为主食。如果条件允许，可将口粮加热后食用。此外，士兵最好不要摄入过多的糖分，也不要饮用过量的饮料和酒精。士兵应尽量从指定的水源取水饮用，或使用净水药片净化不确定是否干净的水。士兵在净化河水和溪水时，应依照以下程序进行操作：

- 将水壶装满河水或溪水，注意不要将垃圾或其他杂质装进水壶。
- 在约 0.946 升（1 夸脱）的清水中放入一颗净水药片，如果是约 0.946 升的浊水或冰水，则应放入两颗净水药片（如果没有净水药片，可以将水煮开 5 分钟）。
- 将水壶静置 5 分钟。
- 拧紧水壶盖，使劲摇晃水壶。
- 再静置 20 分钟后即可饮用。

锻炼

　　适当的锻炼，不仅可以让士兵保持健美的体型，还有助于改善他们的健康状况。如果士兵缺乏锻炼，就没有足够的体力去战斗。健康这一概念既包括健康的身体，也包括充沛的精力、出色的应变能力、完成任务的迫切愿望以及面临困难时的自信心。在战场上，拥有健康是安全和生命的保证。

休息

身体需要通过休息来恢复精力。当士兵感觉疲惫时，反应力也会低于正常值，并且疲劳还会使身体的抵抗力下降，更易受到疾病的侵袭。一般来说，保持6到8小时的熟睡是非常适宜的，但由于战争的特殊性，这样的要求几乎无法满足，因此士兵要学会利用碎片化的时间补充睡眠，不要羞于讲出自己的疲倦。当然，也要记住，士兵在当班时严禁睡觉。

心理健康

思想决定行动。当士兵对任务有十足的信心时，行动就会迅速高效；当士兵对自己的能力持怀疑态度时，则很可能表现得优柔寡断，甚至做出很多错误的决定。因此，士兵必须保持积极的态度，当开始战斗时，心中要有坚定的必胜信念。

恐惧是一种常见的情绪，它既是一种心理状态，也可能会表现在身体上。只要恐惧还在可控的范围内，就不必觉得羞耻或担心。适当的恐惧甚至是有益的，它能够让士兵变得谨慎小心，从而更好地完成任务。而且，恐惧也会使瞳孔放大，可在一定程度上让视野变得更广，有利于发现更多潜伏的危机。此外，恐惧时心跳和呼吸都会加快，可以在一定程度上增加士兵的爆发力。恐惧并不是一个绝对的坏事，但士兵应该学会合理利用自己的恐惧。

忧虑可以摧毁健康，使士兵的反应变慢，降低他们的思考和学习的能力，并使他们感到困惑迷惘，甚至开始胡思乱想。因此，当士兵感到忧虑时，应向上级倾诉。

作为一名战士，很可能会在世界各地作战，因此必须要随时调整自己的心态。当士兵做好了思想准备后，在任何情况下都能进行战斗。

避免疾病

一般来说，只要士兵做到了以下几点，就能够在极大程度上避免疾病的发生：

● 不要食用或饮用来历不明的食物和饮料。

- 不要随地大小便。
- 不要将手及污染物放进嘴里。
- 在进餐和接触食物前、处理完污染物后、刷牙漱口前，都要仔细清洗双手。
- 饭后清洗餐具。
- 一天至少刷牙漱口一次。
- 穿着合适的服装，以及喷洒驱虫剂以避免被昆虫咬伤。
- 避免在不必要的情况下将身体弄湿。
- 不要共用个人物品。
- 不要随处丢弃食物残渣。
- 保证充足的睡眠。
- 经常锻炼身体。

第 9 章

地雷

无论是在撤退、防御，还是在进攻中，士兵都可能使用地雷来阻止敌军的行动。地雷是一种极为廉价且高效的武器，以美军为例，目前他们常用的地雷有以下几种：

- M14 防步兵地雷
- M16A1 防步兵地雷
- M18A1 防步兵地雷
- M26 破片式防步兵跳雷
- M15 防坦克地雷
- M21 防坦克地雷
- M24 防坦克地雷

关键词: 防步兵地雷 防坦克地雷

防步兵地雷

M14 防步兵地雷

M14 防步兵地雷是一种小型塑料雷身的地雷，通常埋于地下几厘米深处，通过踏压触发（需要大约 9~15.8 千克的压力）。M14 防步兵地雷的尺寸很小，直径为 5.6 厘米，高度为 4 厘米。M14 防步兵地雷在 20 世纪 50 年代开发并投入使用，含有约 31 克特屈儿（三硝基苯甲硝胺）炸药，可对近距离的人或物体造成杀伤。

M14 防步兵地雷上有一个保险销，固定在压盘周围。要让 M14 防步兵地雷处于战斗状态，首先要将保险销去掉，然后调节压盘。压盘上刻着字母 A 和 S，分别代表战斗位置和安全位置。士兵只需将箭头对准字母 A，即可将地雷调到战斗状态。一旦 M14 防步兵地雷进入战斗状态，只要压力达到 9 千克以上，就会将压盘下面的碟形弹簧向下推，弹簧被推动到一定位置就将击发撞针向下撞击雷管，并由此点燃主装药——三硝基苯甲硝胺。

布设、拆除 M14 防步兵地雷

●将地雷从包装盒里取出（不要使用破损和有裂痕的地雷），使用盒子里

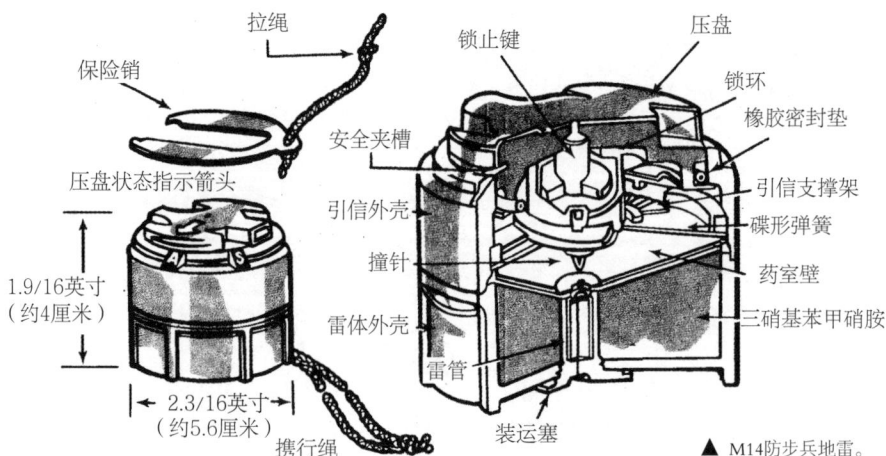

拉绳
锁止键
压盘
保险销
锁环
安全夹槽
橡胶密封垫
压盘状态指示箭头
引信外壳
引信支撑架
碟形弹簧
撞针
药室壁
1.9/16英寸
（约4厘米）
雷体外壳
三硝基苯甲硝胺
2.3/16英寸
（约5.6厘米）
雷管
携行绳
装运塞

▲ M14防步兵地雷。

的 M22 引信扳手将地雷底部的白色塑料装运塞旋开。

●检查地雷撞针的位置，如果撞针已经伸入了雷管里面，就不能再使用这枚地雷了。接下来，检查雷管里是否有异物，如果发现异物，可轻轻用手掌敲击地雷外壳使之落出。

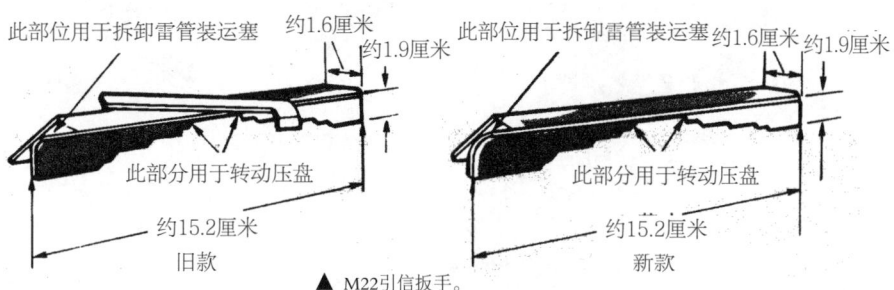

此部位用于拆卸雷管装运塞　约1.6厘米　约1.9厘米

此部分用于转动压盘

约15.2厘米

旧款

此部位用于拆卸雷管装运塞　约1.6厘米　约1.9厘米

此部分用于转动压盘

约15.2厘米

新款

▲ M22引信扳手。

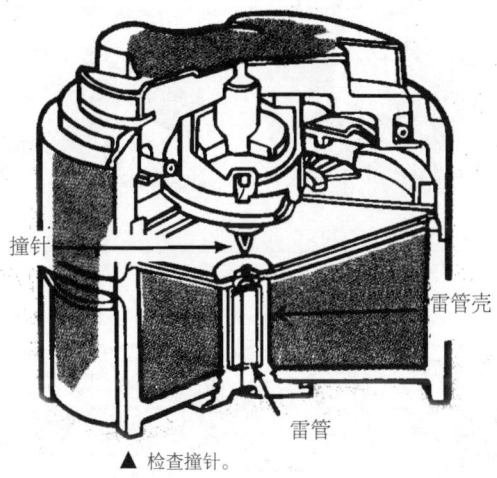

撞针

雷管壳

雷管

▲ 检查撞针。

●挖一个直径约 10 厘米（4 英寸）的坑，用于埋设地雷。坑的深度应控制在 4 厘米（约 1.5 英寸）左右，这样地雷的压盘就会接近地表，从而提高踏压击发的成功率。

●在埋放地雷时，注意检查坑底是否足够坚固。如果坑底不够坚固，为避免地雷下陷，可填充木板或其他坚硬物体以支撑地雷。

Ⓐ 一手紧捏地雷，使地雷的引信和保险销朝上。另一只手拉住拉绳，拉绳的一端与保险销相连。

Ⓑ 去掉地雷底部的装运塞。

Ⓒ 抽插几下保险销，确认保险销正常。

Ⓓ 将保险销复位。

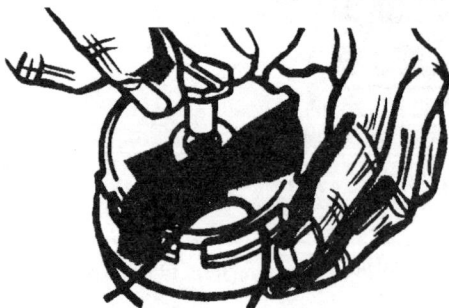

Ⓔ 将雷管旋入雷管基座。

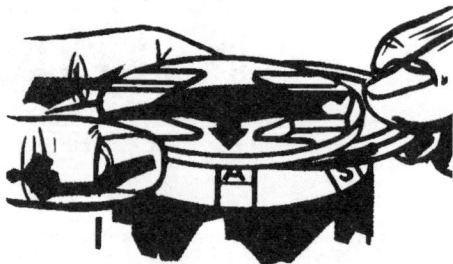

Ⓕ 埋设时，压盘位置应该比地面略高。
将地雷埋入坑中，并取下保险销。
用M22扳手将压盘按顺时针方向从S转至A（战斗位置）。（如果调节过程中压盘被折断，则地雷主体和保险销都无法被插入，不要继续使用这枚地雷。）

▲ 布设M14防步兵地雷步骤。

如果要移出地雷或拆除其引信，只需按照埋设地雷的步骤进行反向操作即可：

●检查地雷附近区域，若地雷有破坏的迹象，就不要拆除，应立刻向上级报告。

●将地雷上的土层移开，动作应尽量轻柔。

●一只手抓住地雷主体，另一只手将保险销插入地雷。

●将安全夹放在适当位置，转动压盘，使箭头位置对准 S（安全），以解除击发状态。

●将地雷取出。

●翻转地雷，小心将雷管从雷管基座中取出。

●把塑料装运塞旋进雷管基座。

●将地雷清理干净后装入包装盒。

M16A1 防步兵地雷

M16A1 防步兵地雷是一种带有金属外壳的破片式跳雷，其主要由地雷引信、将地雷推起的发射装药和金属外壳中包含的爆破装药构成。M16A1 防步兵地雷高 19.9 厘米，直径 10.3 厘米，含有约 450 克三硝基甲苯 (TNT) 炸药。

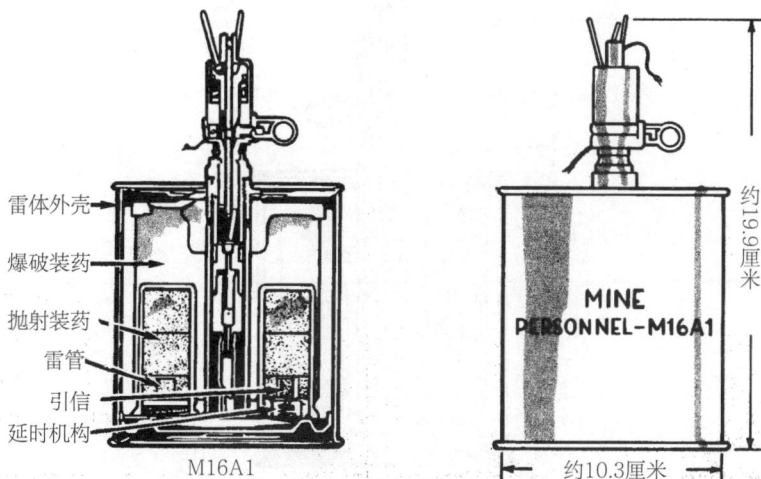

雷体外壳
爆破装药
抛射装药
雷管
引信
延时机构

M16A1

约19.9厘米

MINE
PERSONNEL-M16A1

约10.3厘米

▲ M16A1防步兵地雷。

M16A1 防步兵地雷可以通过施加压力或者拉动与释放销拉环相连的绊绳这两种方式引爆。当施加在地雷上的压力达到 3.6 千克或对绊绳的拉力达到 1.3 千克时，撞击式雷帽会点燃引信中的延时元件。在经过短暂延时后，延时元件会点燃雷管，然后雷管会引燃地雷底部的发射装药，将雷体抛到 0.6～1.2 米的高度后引爆。M16A1 防步兵地雷的有效杀伤半径为 32 米，最大杀伤半径为 137 米。

布设 M16A1 防步兵地雷

● 将地雷从包装盒里取出并仔细检查，不要使用有破损、裂痕或凹痕的地雷。

● 使用 M25 引信扳手将地雷底部雷管处的白色塑料装运塞旋开，并保留下来以备日后拆除引信时使用。

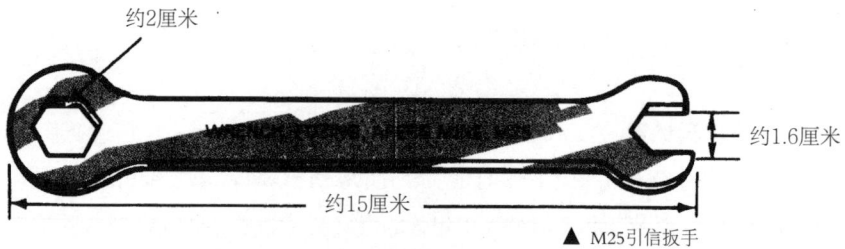

约2厘米

约1.6厘米

约15厘米

▲ M25引信扳手

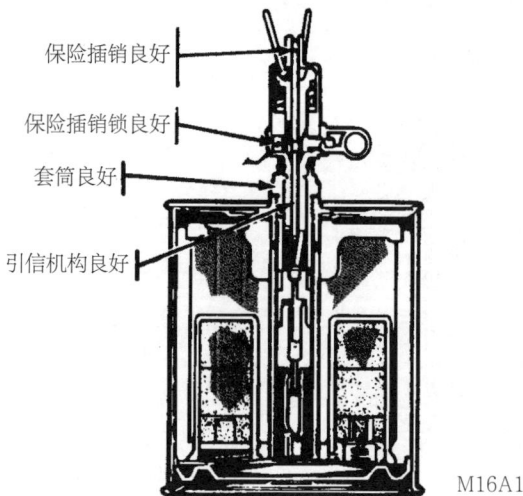

保险插销良好

保险插销锁良好

套筒良好

引信机构良好

M16A1

▲ 检查M16A1地雷。

●仔细检查引信和雷管中是否有异物进入，如果发现有异物，可将地雷倒转，轻轻敲击其底部使异物移出。

●将地雷放下，从引信盒取出引信。

●检查引信是否有破损、引信上的保险销是否脱落、是否可以自由运作以及引信的基座是否垫有橡胶圈。

●用 M25 引信扳手的开口端旋紧引信的引信接口套管。

●将组装好的引信用 M25 引信扳手旋入引信基座。

●挖一个直径约 13 厘米，深约 15 厘米的坑。

●将地雷埋入坑中。

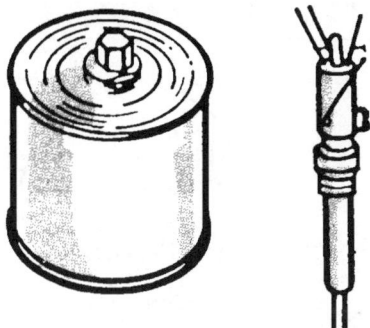

M16A1数据参数	
重量	约3.7千克（8.25磅）
弹壳	钢
引信	M605（引信组件）
动作压力	
压力	8~20LBS
拉力	3~10LBS
弹出高度	0.6~1.2米

射发装置安装

Ⓐ 去掉装运塞，装入引信。

▲ 安装M16A1防步兵地雷。

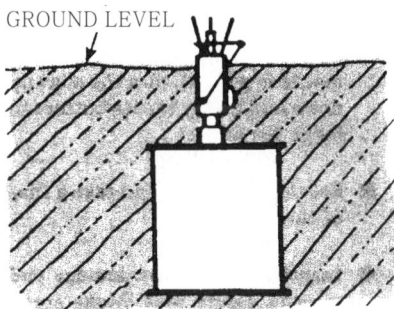

GROUND LEVEL

Ⓑ 埋设地雷时，使其引信顶部略高于地面。将泥土覆盖于地雷表面，只露出引信顶部，并压实地雷周围的土层。取掉保险销锁并妥善保存以备日后所需。对地雷进行伪装。最后将保险销从引信顶部拔除，此时地雷就处于战斗状态。

绊绳触发

Ⓐ 在地雷上覆盖泥土，将引信组件的释放销和压力叉露于地面。

Ⓑ 将两个拉紧桩分别钉入距离地雷10米（33英寸）的位置，由此，地雷及两个拉紧桩构成了一个V字形。把绊绳分别松松地套在拉紧桩和释放销上，注意不要把绳绷紧，否则在去除保险销后，释放销受到压力，将可能触发地雷。

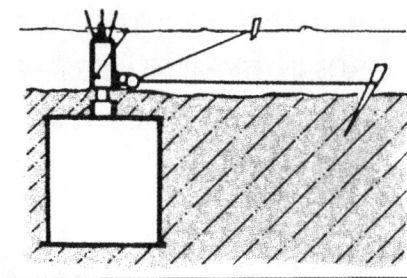

Ⓒ 去掉保险销，妥善保存以备日后所需。对地雷进行伪装。最后将保险销从引线顶部的点火栓拔除后，地雷就处于战斗状态。

▲ 安装M16A1防步兵地雷（接上图）。

如果要移除 M16A1 防步兵地雷或拆除其引信，只需按照埋设地雷的步骤进行反向操作即可：

●检查地雷的附近区域，若地雷有破坏的迹象，就不要拆除，并立刻向上级汇报。

●将地雷上的土层移开，动作尽量轻柔，不要在地雷上施加压力。

●将保险销插入保险销孔。

●把保险销锁插入释放销对面的保险销锁孔。

●如果绊绳与释放销相连，应在插好保险销后，将其全部截断。

●移开地雷上的所有泥土，将地雷取出。

●取下引信组件。

●将塑料装运塞插进引信基座。

●将地雷和引信清理干净后装入包装盒。

M18A1 防步兵定向雷

M18A1 防步兵定向雷的外观呈弯曲的长方形，在其凸面内装有约 700 粒钢珠和 C-4 塑胶炸药。该地雷既可用双脉冲电流起爆，也可设置成拉发或绊发起爆。

一旦起爆，约 700 粒钢珠和 M18A1 防步兵定向雷的破片将以 60° 角的扇形范围散开，爆破杀伤范围可达地雷前方 50 米（钢珠的最远射程甚至可达 250 米，其中包含了 100 米左右的中度杀伤范围）。

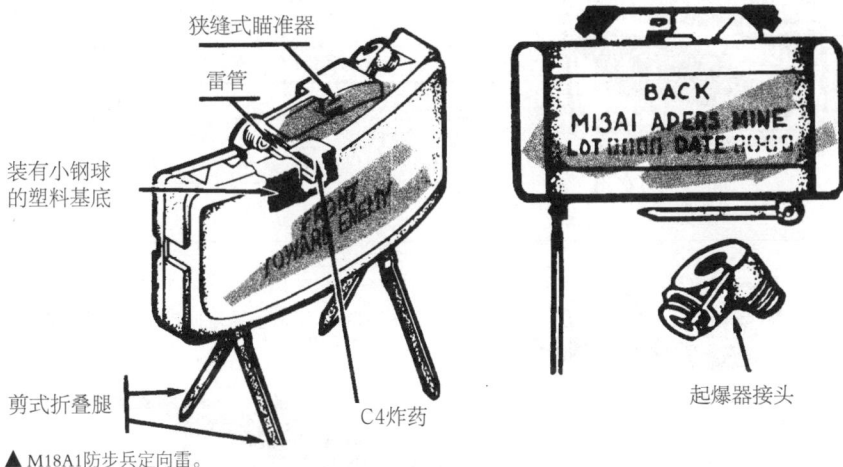

▲ M18A1防步兵定向雷。

布设 M18A1 防步兵定向雷

●将引爆电线、引爆装置以及测试装置从 M7 携行包中取出（不用取出地雷）。

●把引爆装置的保险销转到 FIRE（战斗位置），并快速用力按压引爆装置手柄。

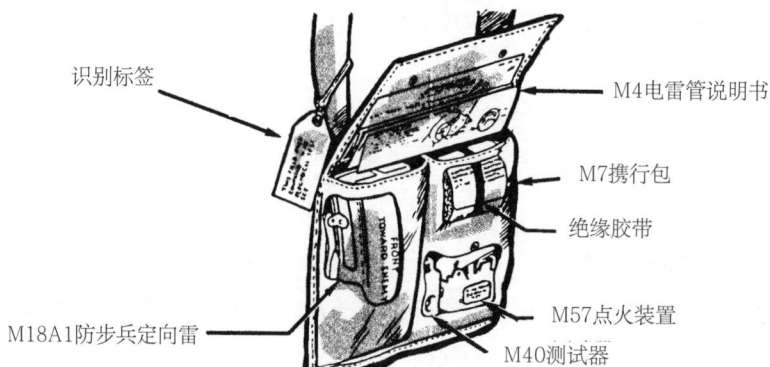

识别标签

M4电雷管说明书

M7携行包

绝缘胶带

M18A1防步兵定向雷

M57点火装置

M40测试器

▲ M7携行包内的M18A1防步兵定向雷及配件。

M18A1相关参数	
重量	约1.6千克（3.5磅）
主装药	约0.7千克（1.5磅）C4炸药
杀伤威力	700粒钢珠

配置：每枚配备一个电雷管，约30米长电线及一套电引爆装置。每六枚地雷配备一个电流测试装置。

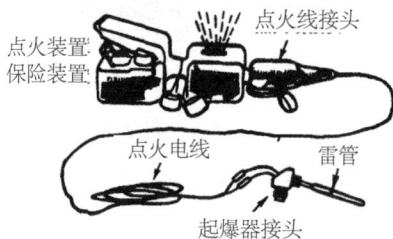

点火线接头

点火装置
保险装置

点火电线

雷管

起爆器接头

点火测试

将引爆装置和测试装置上的尘土清理干净后，把测试装置插入点火装置。

将引爆装置的保险销移动到点火位置，按压引爆装置的手柄，观察测试装置上是否有闪烁的灯光，如果有则证明引爆装置和测试装置均能正常工作。

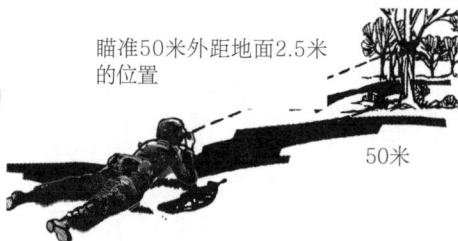

瞄准50米外距地面2.5米的位置

50米

狭缝式瞄准器

选择一个距地雷50米、高于地面2.5米的瞄准点。

在地雷后面约15厘米处用一只眼，通过狭缝式瞄准器瞄准。

刃口瞄准器

瞄准地面瞄准点

选择一个距地雷50米、在地面的瞄准点。
在地雷后面约15厘米处用一只眼，通过刃口瞄准器瞄准。

50米

▲ 布设M18A1防步兵定向雷。

起爆转接头

M4电雷管

雷管基座

准备引爆

取下装运塞妥善保存，以备日后使用。
将点火电线与起爆雷管用起爆接头链接。
将起爆雷管插入雷管基座。

FRONT TOWARD ENEMY

布设地雷

将点火电线的另一端捆在起爆阵地内某个固定物体上（如树木）。
在保证安全的前提下，将电线展开，并使其直接与引爆装置相连。
将地雷置于地面，将标有"FRONT TOWARD ENEMY"的那面朝向敌人方向，并适当伪装，注意隐蔽物不能影响定向雷爆破方向上的钢珠抛射。

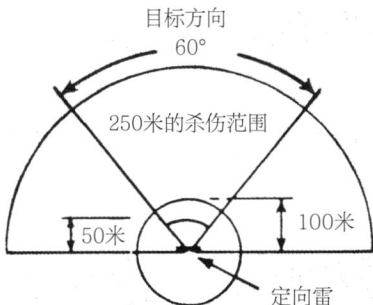

6米

目标方向

60°

250米的杀伤范围

M18A1的杀伤区域

M18A1定向雷能够在地雷后方及侧面约16米的范围内形成一定的冲击波，所以不要站在此区域。除此之外，站在地雷两边及后方100米以内的区域也具有一定危险度，如果不得不在此区域内，必须躲避在掩体后。

50米

100米

定向雷

▲ 布设M18A1防步兵定向雷（接上图）。

快速坚决地
按下起爆装置

◀引爆M18A1防步兵定向雷。

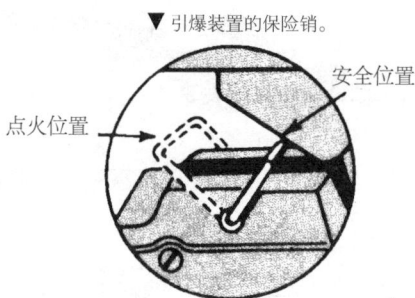

▼引爆装置的保险销。

安全位置

点火位置

如果要移除 M18A1 防步兵定向雷并拆除其引信，只需按照埋设地雷的步骤进行反向操作即可：

●确保引爆装置的保险销已经被推到 SAFE（安全位置）。

●将引爆装置上的电线拆下，并将原来起保险作用的尘土盖重新盖在引爆装置上。

●从起爆接头上取下起爆雷管，并将装运塞重新插入雷管基座。

●取下雷管上的电线并卷好，把起爆雷管放回纸盒。

●将 M18A1 防步兵定向雷放回携行包。

●收回起爆阵地上铺设的电线，并放回携行包。

如果要布设带绊绳的 M18A1 防步兵定向雷，可按照以下步骤操作：

●选取目标杀伤区放置地雷，并检查能否瞄准。

●准备一个固定桩①，将其固定在地雷后部约 1 米的位置。在固定桩①上系上电线，电线不要绷紧，可多预留 1.5 米左右作机动（此时严禁将起爆雷管插入地雷）。

●展开 20 米长的电线，使其延伸至地雷的左前方或右前方，并在此位置固定好固定桩②。

●将一个夹子固定在固定桩②上，使夹子的闭合端指向目标杀伤区（可以用线或钉子来固定夹子）。

●穿过杀伤区，固定固定桩③的位置。

●把绊绳的一端固定在固定桩③上，另一端展开至固定桩②。

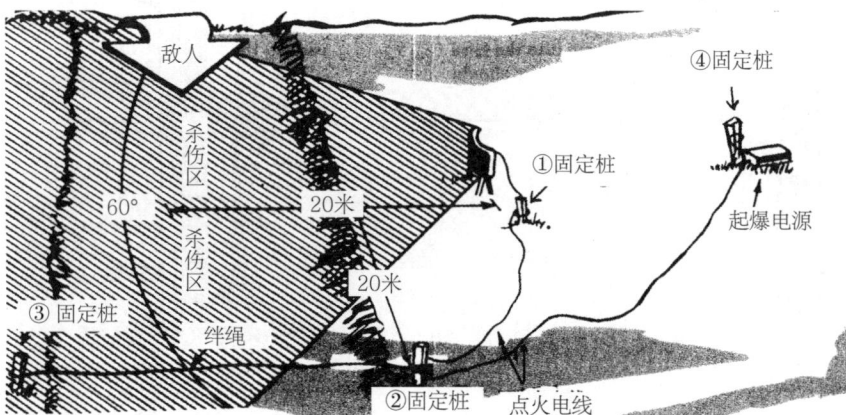

▲ 布设带绊绳的M18A1防步兵定向雷。

●在绊绳的另一端系上塑料勺子或其他绝缘物体。

●在连接电线与固定桩②上的夹子时，需要先将电线的一端分为两股，并分别绕成环形。

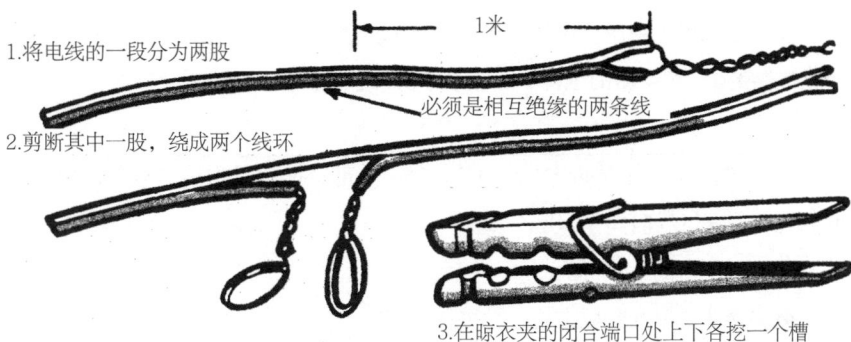

1.将电线的一段分为两股

必须是相互绝缘的两条线

2.剪断其中一股，绕成两个线环

3.在晾衣夹的闭合端口处上下各挖一个槽

▲ 加工用于连接的电线。

●把线环套在夹子闭合端口的槽里，并收紧线环。

●将连接绊绳的塑料勺子柄插入夹子闭合端。安装时，应将绊绳离地面的高度大约控制在脚踝位置，并且不能拉得太紧。

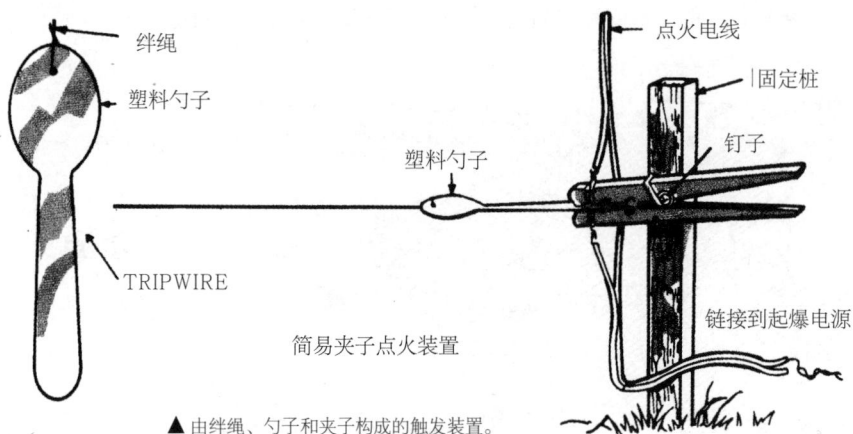

简易夹子点火装置

▲ 由绊绳、勺子和夹子构成的触发装置。

●将电线伸展至地雷后方，并钉入固定桩④。

●将电线的一端系在固定桩④上。

●将起爆雷管插入雷管基座，旋紧起爆接头，并再次通过瞄准器检查定向雷摆放的位置是否合适。

●准备将固定桩④上的电线系在电源上。

●将电线两个端头上的绝缘材料剪掉 2.5 厘米左右。

●将电线接上电源（电源既可以是 BA206 或 MA4386 电池组，也可以是任何能提供至少 2V 电流的电源），整个系统设置完成。

如果要移除带绊绳的 M18A1 防步兵定向雷及拆除其引信，只需按照埋设地雷的步骤进行反向操作即可：

●将电源上的电线拆除。

●移除地雷里的起爆雷管，并妥善保存。

●将地雷取出放入携行包。

●将电线卷起，并将其他工具一并收好。

●将所有配件放入携行包内。

M26 破片式防步兵跳雷

M26 是一种小型破片式防步兵跳雷，雷体呈圆柱形，由抛射筒、雷体、炸药和抛射药等部分组成。M26 破片式防步兵跳雷的抛射筒由铝材冲压而成。该地雷既能以压力触发也能以绊绳触发，动作压力为 13 千克。

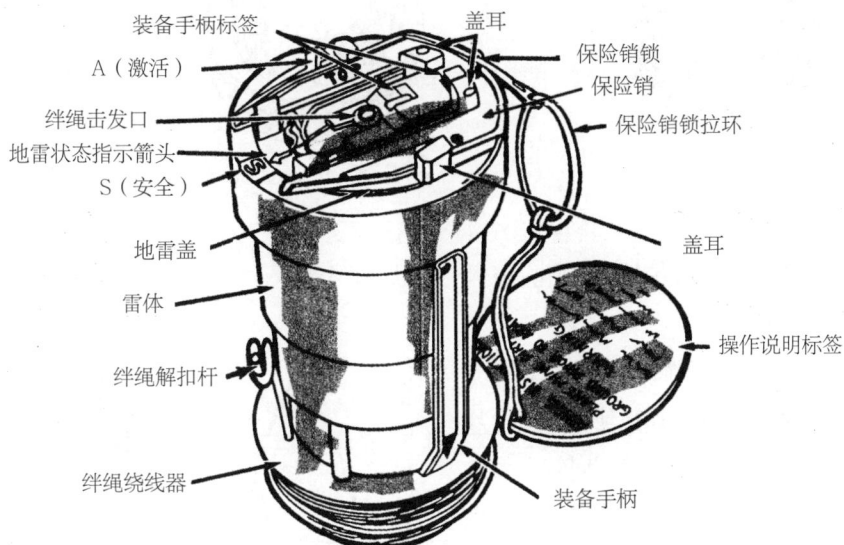

▲M26破片式防步兵跳雷。

布设 M26 破片式防步兵跳雷

●挖一个深约 13 厘米、直径足够宽的坑，用以放置地雷。

注意: 不必取下连接在地雷上的绊绳绕线器，它有助于将地雷固定在坑里。

●向上拔掉绊绳绕线器边的装备手柄。

●将保险销锁连接的拉环等理顺。

●将地雷放进坑中，覆盖泥土时，使盖耳稍微露出地面。

踏压引爆

绊绳击发口
保险锁销
保险销
盖耳
装备手柄
绊绳解扣杆 →
绊绳绕线器 →
绊绳

▲ 踏压触发的M26破片式防步兵跳雷。

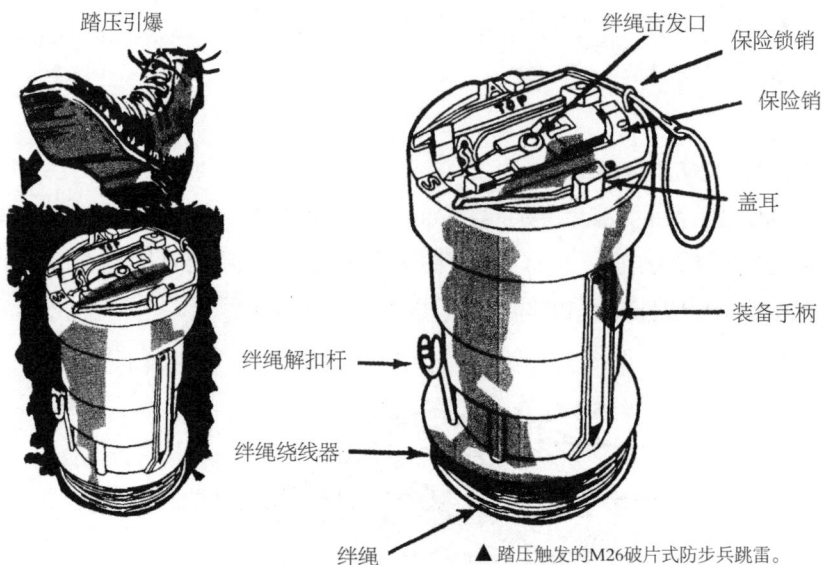

●拉动保险销锁的拉环，将保险销锁移除。

●将装备手柄系在保险销上。

●用手紧紧抓住地雷，另一只手将地雷盖按顺时针方向转至无法再转动（约1/4圈）的位置。

●此时，地雷盖上的指针应该指向 A 字母位置。

●对地雷坑进行伪装。

●垂直向上拉出装备手柄（同时也从地雷上移除了保险销），将这两个配件妥善保存以备日后之需。

●地雷布设完毕。

如果要移除 M26 破片式防步兵

▼ 拔出装备手柄后，M26破片式防步兵跳雷处于可击发状态。

跳雷（压力触发）及拆除其引信，只需按照埋设地雷的步骤进行反向操作即可：

●仔细清除地雷上的伪装。

●检查地雷是否有损坏的痕迹，如果有，则不应再尝试将其移除，而应当场销毁。

●如果地雷没有受损，将应先将保险销插入地雷。

●检查保险销中部的尖头是否与绊绳击发口契合。

●移除地雷周边泥土以方便手指操作。

●用一只手握住地雷，另一只手将地雷盖按逆时针方向旋转，直至无法转动（约1/4圈）的位置。

●确保地雷盖上的指针指向 S（安全位置）。

●装入装备手柄。

●将保险销锁插入地雷。

●将地雷取出。

●清理干净后放入原包装。

如果要布设由绊绳触发的 M26 破片式防步兵跳雷，可按照以下步骤操作：

●挖一个深约 13 厘米且足够宽的坑，用以放置地雷。

●坑的直径要足够大，以方便手指操纵装备手柄。

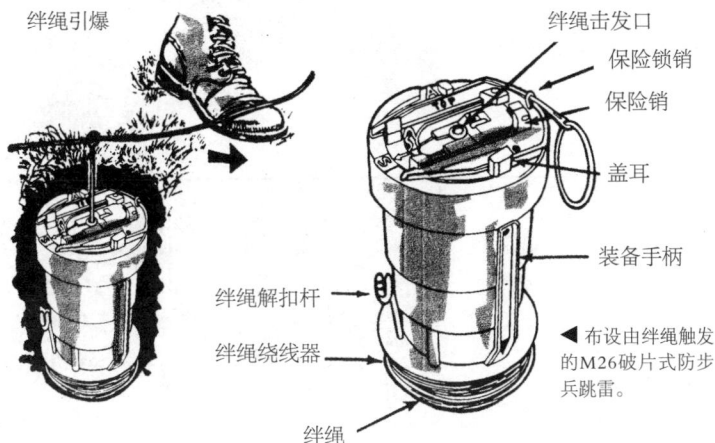

绊绳引爆

绊绳击发口
保险锁销
保险销
盖耳
装备手柄

绊绳解扣杆
绊绳绕线器

绊绳

◀ 布设由绊绳触发的M26破片式防步兵跳雷。

●从雷体中拉出绊绳绕线器。

●将绕线器里的装备手柄向上拔起将其拆除。

●拆除绊绳绕线器上方的绊绳解扣杆，以待后用。

●按下塑料绊绳定位器，根据任务需要，从绊绳绕线器上取下一根或多根绊绳。

●将没有使用的绊绳保留在绕线器里。

●将保险销锁后端连接的拉环理顺，这样在地雷被埋设后，方便将其移出。

●将地雷放进坑中，覆盖泥土，使盖耳稍微露出地面。

●将绊绳解扣杆旋进绊绳击发口（位于地雷盖的中心），为了保证旋紧，需拧转4圈。

●剪断固定绊绳的带子。

●将绊绳一端系在绊绳解扣杆的拉环上。

●将绊绳的另一端松松地系在固定桩上。

●去掉保险销锁。

●将装备手柄系在保险销上。用一只手抓住地雷，另一只手将地雷盖顺时针方向转至无法再转动（约1/4圈）的位置。此时，地雷盖上的指针应该指向A。

●对地雷坑进行伪装。

●垂直向上拉出装备手柄（同时也从地雷上移除了保险销），将这两个配件妥善保存以备日后之需。

●地雷布设完成。

如果要移除由绊绳触发的M26破片式防步兵跳雷及拆除其引信，只需按照埋设地雷的步骤相反操作即可：

▲ 还未进行伪装的绊绳触发跳雷坑。

●仔细清除地雷上的伪装。

●检查地雷上是否有损坏的痕迹，如果有，则不应再尝试将之移除，也不要去触碰绊绳解扣杆或按压地雷盖。

●如果地雷没有受损，将保险销插入地雷。

●检查保险销中部的尖头是否与绊绳击发口契合。

●移除地雷周边的泥土以方便手指操作。

●一只手握住地雷，另一只手将地雷盖向逆时针方向旋转约 1/4 圈位置。

●确保地雷盖上的指针指向 S（安全位置）。

●装回装备手柄，并将保险销锁插入地雷。

●将地雷取出。

●把地雷清理干净后放入原包装。

防坦克地雷

M15 重型防坦克地雷

M15 重型防坦克地雷是圆形的钢壳防坦克地雷，其直径约为 33.2 厘米，高约 11 厘米。M15 重型防坦克地雷是由压力触发的，动作压力为 159 到 340 千克。

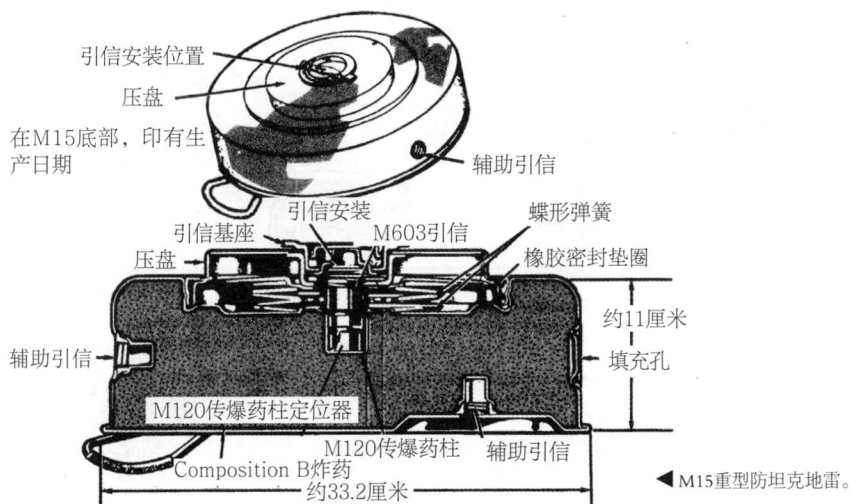

引信安装位置
压盘
在M15底部，印有生产日期
辅助引信
引信安装
引信基座
M603引信
蝶形弹簧
压盘
橡胶密封垫圈
辅助引信
约11厘米
填充孔
M120传爆药柱定位器
M120传爆药柱
辅助引信
Composition B炸药
约33.2厘米

◀M15重型防坦克地雷。

装药量10.35千克,内置炸药为TNT和环三次甲基三硝基胺(RDX)的混合物——Composition B 炸药。

安装 M15 防坦克地雷

- ●将地雷从包装盒子里取出。
- ●使用 M20 扳手逆时针方向旋转拆下引信基座。
- ●检查引信基座内部，是否有异物，如果找到异物，将其清除。
- ●检查传爆药柱定位器是否在引信基座里，如果没有，则需更换地雷。

▲M20扳手。

引信安装位

▲取下引信安装基座。

- ●拿出金属引信盒，用引信盒底部的钥匙将其打开。
- ●将引信从盒内取出，将雷管上绿色一端朝下，同时确保保险销位于压盘和引信之间。

▲ M603引信及容器。

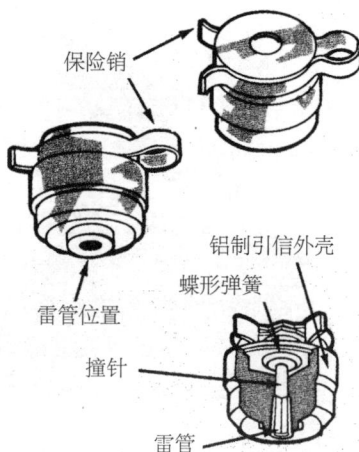

保险销

铝制引信外壳

蝶形弹簧

雷管位置

撞针

雷管

◀ 从引信处移
出保险销。

●将保险销取出，妥
善保存，以备日后之需。

◀ 将引信装入
地雷。

●将引信插入引信基
座，确保其位于传爆药柱
定位器正上方。在处理引
信时，不要对压盘施加压
力，否则会引起危险。

●用 M20 扳手突起端检查引信基座内引信的压盘空隙。如果压盘过高，则
在引爆时，其底部会影响引信的正常工作。在此情况下，应该更换引信。

●拿起引信基座，检查是否指向 SAFE 安全指示位，若没有，则需手调节
其旋钮至 SAFE 安全指示位。

安全保险

引信基座

◀ 安全保险和
引信基座。

0~1厘米

3厘米

地平面

45°

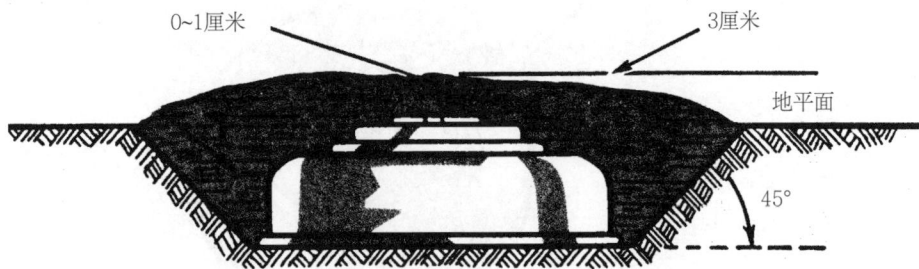

▲ M15重型防坦克地雷的标准布设方法。

●挖一个直径约 38 厘米、深 15 厘米的坑，洞壁与地面呈 45°角。

●检查洞底是否足够坚固，否则在有人踩踏时，地雷很可能下陷使引爆失效，如果洞底不够坚固，可填充木板或其他坚硬物体以支撑地雷。

●将地雷放入坑中，注意，地雷顶部的压盘需露出地面约 3 厘米。

●在地雷周围覆盖泥土，并将土轻轻拍实。

●使用 M20 扳手将地雷顶部安全保险上的调节旋钮由 SAFE（安全）经 DANGER（危险）旋至 ARMED（引爆）。

●对地雷坑进行伪装。

将M15调至准备引爆的状态

▲ 激活地雷。

1.取下引信基座　　　　　2.取下保险销　　　　　3.将引信放入地雷

4.在布设地雷之前，确保安全保
险指向SAFE（安全）

5.将地雷放入布设坑中，同时将
安全保险旋至ARMED(引爆)

警告

如果引信基座里有冰雪，将会导致严重的事故。因此，在寒冷的天气情况下，要确保引信基
座干燥、清洁。

▲ 安装带有M603引信的M15重型防坦克地雷的步骤。

　　如果要移除 M15 防坦克地雷及拆除其引信，只需按照埋设地雷的步骤进行
反向操作即可：

　　●仔细清除地雷上的伪装。

　　●检查地雷是否有损坏的痕迹，如果有，不要尝试去除引信或移除，而应
当场销毁。

　　●确认地雷无损后，使用 M20 扳手将地雷顶部引信基座上的调节旋钮由
ARMED（引爆）经 DANGER（危险）旋至 SAFE（安全）。

　　●用 M20 扳手将引信基座沿逆时针方向旋松，并取下。

　　●将引信自引信基座中取出。

　　●把保险销插入压盘下方，并将引信放入引信盒。

　　●将引信基座重新装回原处。

M21 重型防坦克地雷

M21 是一种圆柱形金属雷体的重型防坦克地雷。它由压力触发——当该地雷的杆状引信受到 1.7 千克（此时引信杆倾斜 20° 以上）或当 131.5 千克动作压力作用于压力环上都会触发该地雷。该地雷直径 23 厘米，高 23 厘米（带触杆，81.3 厘米）。全重 8 千克，内装聚能装药 4.8 千克。

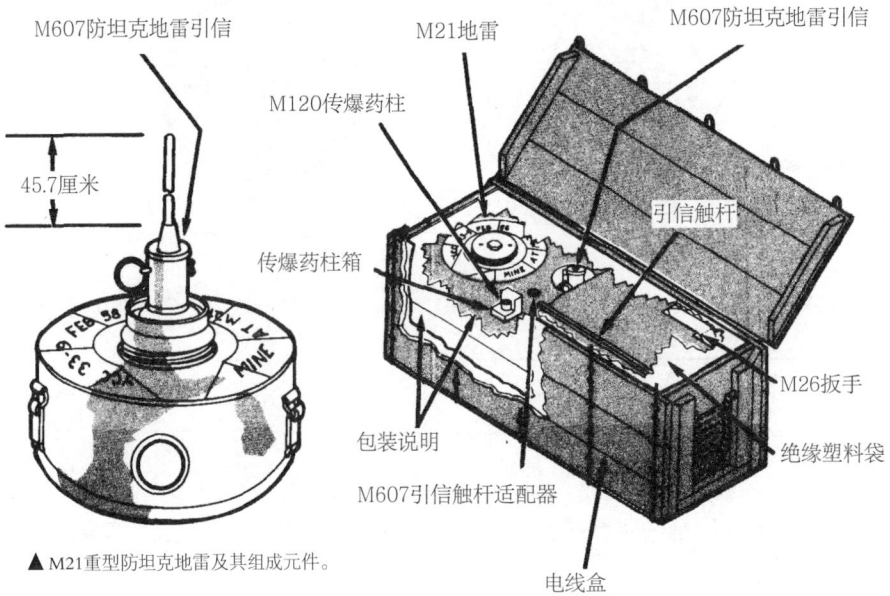

M607防坦克地雷引信

45.7厘米

M21地雷

M120传爆药柱

传爆药柱箱

M607防坦克地雷引信

引信触杆

M26扳手

绝缘塑料袋

包装说明

M607引信触杆适配器

电线盒

▲ M21重型防坦克地雷及其组成元件。

安装 M21 重型防坦克地雷的步骤为：

●将 M21 和其他组成元件从盒子里取出。

●检查其外观，如果地雷及元件上有裂缝或凹痕，应该将之更换。

●确保引信拉环组件和引信闭合组件的保险销都放在正确的位置。

保险销

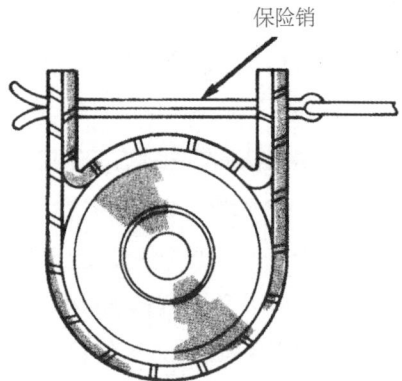

▲ 保险销和引信闭合组件。

●将地雷倒置，用 M26 扳手的改锥端按逆时针方向拆下底部封闭塞。

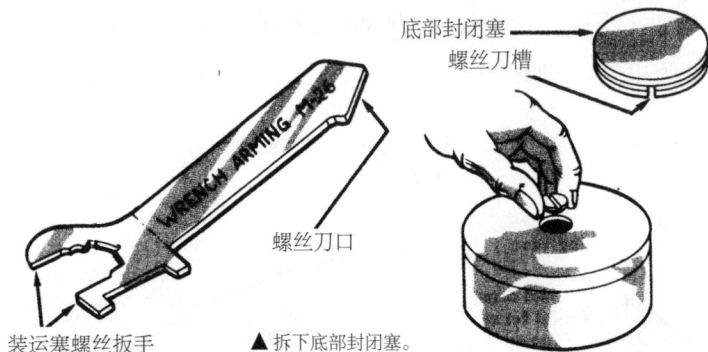

底部封闭塞
螺丝刀槽

螺丝刀口

装运塞螺丝扳手

▲ 拆下底部封闭塞。

●检查传爆药柱槽，如有异物，必须将之清除。

●将 M120 传爆药柱插入传爆药柱槽中，插入时注意将有垫圈的一面正对引信。

●用 M26 扳手旋紧封闭塞，使该组件的垫圈紧贴传爆药柱。

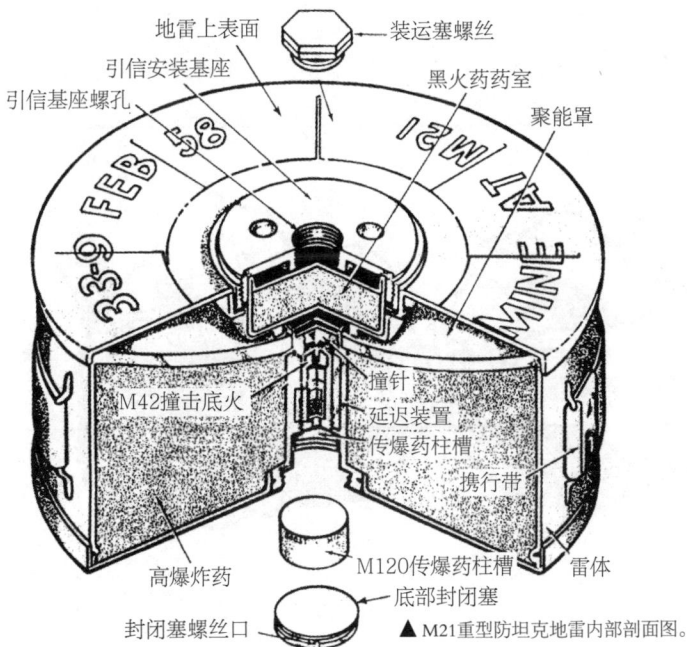

地雷上表面
引信安装基座
引信基座螺孔
装运塞螺丝
黑火药药室
聚能罩

M42撞击底火
撞针
延迟装置
传爆药柱槽
携行带

高爆炸药
M120传爆药柱槽
雷体
封闭塞螺丝口
底部封闭塞

▲ M21重型防坦克地雷内部剖面图。

●让地雷正面朝上。

●用 M26 扳手将装运塞螺丝从地雷引信基座口移除。

●检查引信口，如有异物，将其移出。

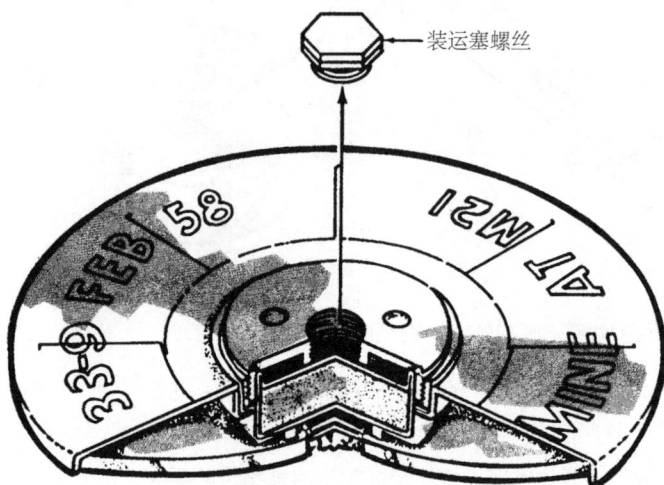

▲拆除装运塞螺丝。

●将 M607 引信的闭合组件移出（可采用 M26 扳手的封闭端来进行这一操作），保留引信底部的垫圈。

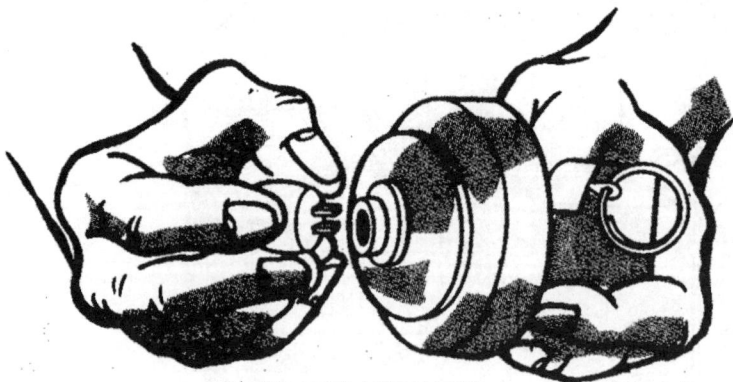

▲从 M607 引信中移出闭合组件。

●将引信装入引信基座。

▲ 装入引信基座的引信。

●挖一个直径约 30 厘米、深约 15 厘米的坑。

●注意检查坑底是否足够坚固，否则在被碾压时，地雷很可能下陷使触发失效，导致无法正常引爆。

●如果洞底不够坚固，填充木板或其他坚硬物体以支撑地雷。

●将地雷放于坑内。

●用泥土掩埋地雷，将引信露出地面。

●将触杆装在引信的压力环上。

●并确保触杆是垂直的。

如果预设地雷是由加在压力环上的压力引爆的，则可进行如下操作：

●取下引信上的拉环组件。

●将刚才取下的元件妥善保留，以备后用。

●对地雷坑进行伪装。

如果要移除地雷或拆除其引信，只需按照埋设地雷的步骤进行反向操作即可：

●检查地雷的附近区域，若地雷有损坏的迹象，则不应拆除，而是立刻就地损毁。

●将地雷坑的伪装及土层移开。

●将引信上的拉环组件重新归位，这样通过压力环就无法引爆地雷。将保险销置回原位。

●如果地雷上有触杆和接杆适配器，要将其小心拆卸掉。

●移开地雷周围的泥土，并将地雷取出。

●将地雷的引信拆除，并在地雷上安装闭合组件。

●将装运塞装回地雷引信基座。

●拆除传爆药柱，接着将封闭塞装回原位。

●将地雷、引信和拆下的元件清理干净后装入原包装盒。

M24 防坦克遥控地雷

M24 防坦克遥控地雷工作原理为：当车辆驶到感应识别器工作范围内时，该感应识别器引爆车辆行驶路线附近的 9 厘米（约 3.5 英寸）反坦克高爆弹，发射反坦克高爆弹的发射器位置应该在距离车辆行驶路边 3 到 30 米处。

M2感应识别器

M143发射器

M61点火装置

火箭控制电缆

▲ M24防坦克遥控地雷与环境模拟图。

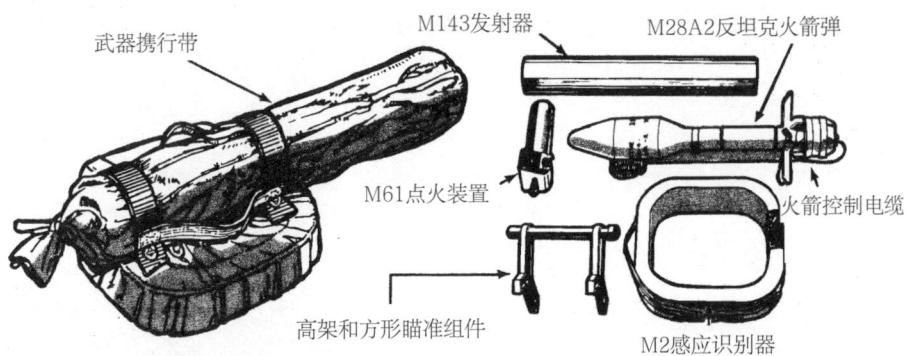

武器携行带

M143发射器

M28A2反坦克火箭弹

M61点火装置

火箭控制电缆

高架和方形瞄准组件

M2感应识别器

▲ M24防坦克遥控地雷的组成元件。

第 10 章

爆破

作为一名士兵，经常会完成以下的爆破任务：

● 爆破扫雷

● 清除电网

● 清理登陆场

● 在建筑物墙上开洞

● 炸倒大树制造路障

本部分主要讲述如何完成爆破中最基本的一环，即准备爆炸系统。爆炸系统分为两类：非电子引爆和电子引爆。

关键词：非电子引爆 电子引爆 引爆系统安装

非电子引爆

准备非电子引爆应遵循以下步骤：

第一步：在 TNT 炸药药块或 C4 炸药药块上压一个直径约 0.65 厘米、深约 3 厘米的孔，用以安置引爆雷管。

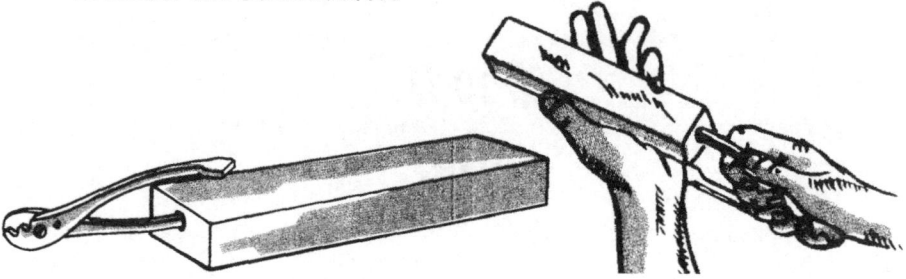

▲ 在TNT药块上压出一个雷管安装位。TNT炸药的稳定性极好，普通的挤压、碰摔均不会有任何危险。

第二步：将导火索的切口端剪去 15 厘米，以防止由于部分导火索受潮而导致引爆失败。

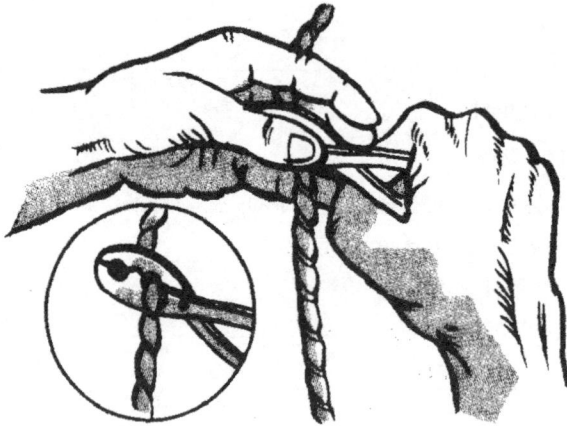

▲ 为了防止因受潮而导致的引爆失败，应将长时间未用的导火索剪掉一部分。

第三步：通过计算，确定所需导火索的长度。首先，估算出约 90 厘米导火索的燃烧时间，再用该数据除以 3 得到 30 厘米导火索的燃烧时间。注意：尽量不要用燃烧 30 厘米的导火索来直接测得时间的方式，这样的误差可能会比较大。

接着，测出士兵从爆破现场返回安全地带所需要的时间，用该时间除以 30 厘米导火索燃烧所需时间，得到的数据就是所需导火索的长度（厘米）。

第四步：检查起爆雷管，如有异物，需清除。

第五步：轻轻将起爆雷管套在导火索端头上，这样雷管里的敏感装药便可保证正常引燃。禁止将导火索用力插入雷管，这种做法极为危险。

第六步：将雷管固定好之后，从它的开口端约 0.3 厘米处，将雷管与导火索咬合固定——注意在咬合时，需将雷管与身体保持一定距离。

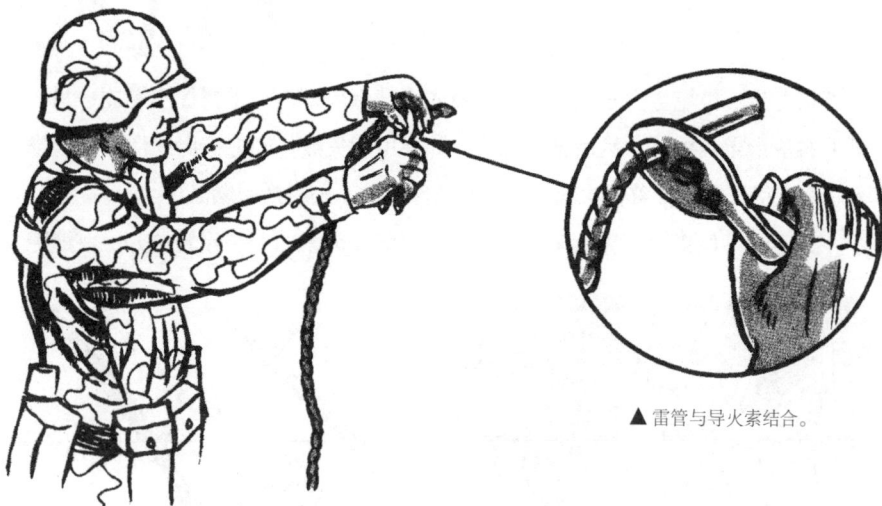

▲ 雷管与导火索结合。

第七步：在使用 TNT 炸药爆破时，将起爆雷管插入预先准备好的雷管插入孔中。使用 C4 炸药进行爆破时，仍然要预先压出雷管安装孔，然后插入雷管，轻握药块让 C4 炸药包裹住雷管。同样，严禁将雷管直接硬塞入 C4 中。

▲ 在炸药药块中插入雷管。

第八步：将导火索的活动端插入 M60 导火索引燃器。

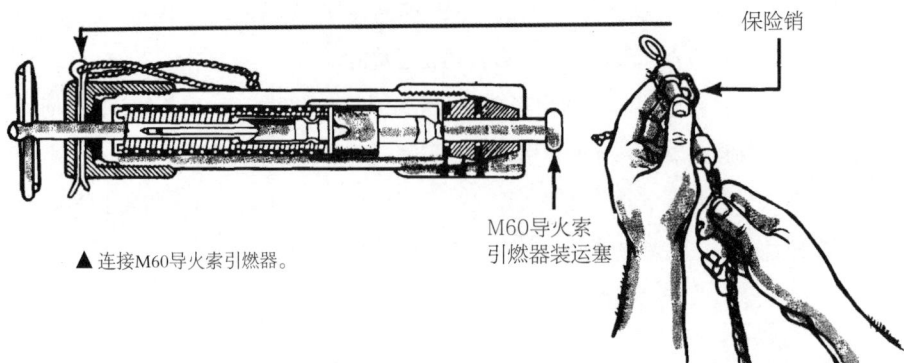

保险销

M60导火索
引燃器装运塞

▲ 连接M60导火索引燃器。

第九步：拉燃导火索引燃器时，首先去掉保险销，一手握住引燃器，另一只手的手指穿入拉环，然后迅速猛拉。如果引燃失败，则将拉出的活塞完全推入以重置引燃器，接着再次猛拉，如果依然失败，则需换引燃器。

第十步：如果没有导火索引燃器，可以将导火索的一端轻轻拉开，在缝隙

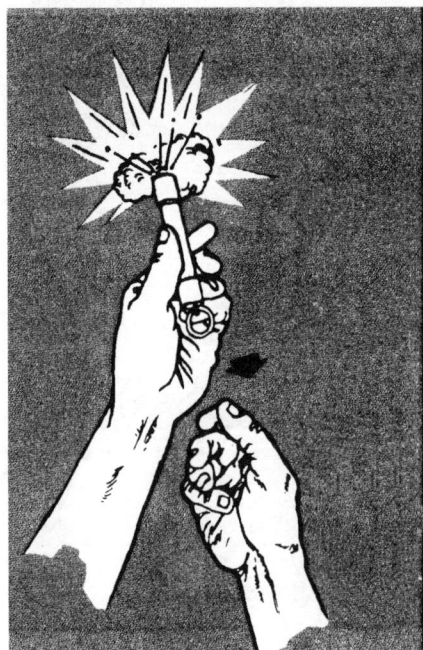

▲ 引燃导火索。

中插入火柴，并将火柴头紧贴导火索。

第十一步：用燃烧的火柴点燃导火索上插入的火柴头，或用火柴盒一侧去摩擦火柴头将其点燃。

如果导火索被点燃，但药包并未爆炸，说明引爆失败，相关人员需等待30分钟后再去检查。检查时，如果发现装药并未夯实，则再放入一块 C4 或者 TNT 炸药，如果装药夯实，则放入两块 C4 或 TNT 炸药。如该爆破行动不需要控制爆炸当量，那么这一步操作则不必移出原来的装药，当新装入的炸药被引爆时，原来装入的装药也会被引爆。

电子引爆

准备电子引爆应遵循以下步骤：

第一步：首先找到理想的引爆区域和装药场所。在装药场所展开起爆电线，将其一端固定在引爆区域某个位置。此过程中需随身携带起爆装置，严禁将其落在引爆区域。

第二步：用电流测量仪或线路检测器检查起爆电线，确保电线无短路和断路。该操作最好由两名士兵各执电线一端进行检查。

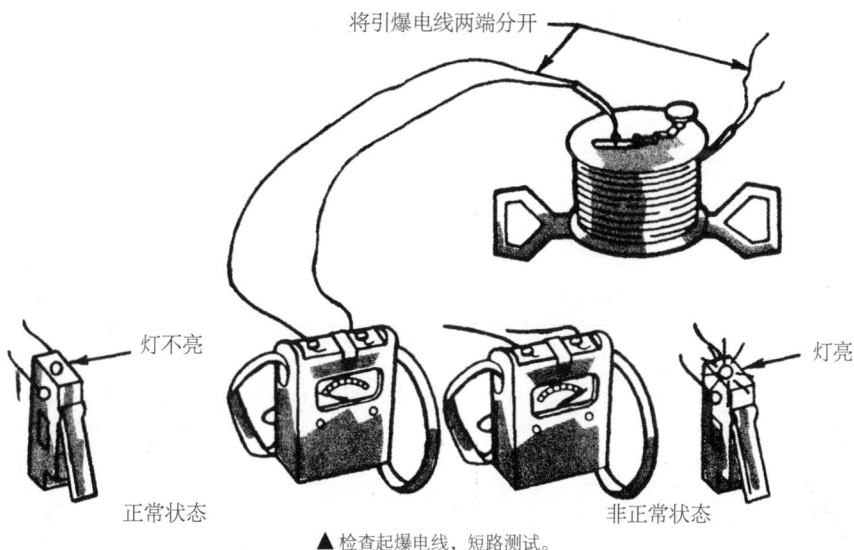

将引爆电线两端分开

灯不亮

灯亮

正常状态

非正常状态

▲ 检查起爆电线，短路测试。

请装药场所的士兵将起爆电线分开，在引爆区域的士兵用电流测量仪或线路检测器检测电线，如果测量仪指针未发生偏移或检测器指示灯没有亮，说明状态正常；反之，则说明电线短路，应该立即更换。

如果电线没有短路，相关人员应继续检查有无发生断路情况。请装药场所的士兵将电线捻接成一条，然后让引爆区域的士兵将其手中分为两股的电线与电流测量仪或线路检测器接触，如果电线正常，则电流测量仪的指针应该剧烈摆向一边，同时线路检测器的指示灯变亮。反之，就说明电线有断路情况发生，相关人员应立刻将之更换。

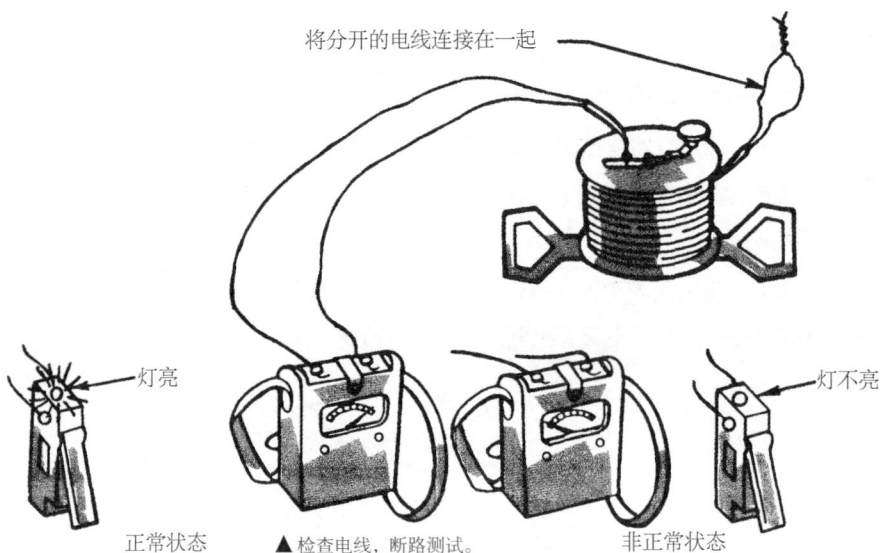

将分开的电线连接在一起

灯亮

灯不亮

正常状态　　　▲检查电线，断路测试。　　　非正常状态

第三步：在引爆区域用电流测量仪或线路检测器检查起爆雷管是否短路。将短路分流器拆下，用电流测量仪检查雷管的导线，如果此时测量仪指针剧烈移动则说明雷管正常。

如果测量仪指针没有移动或轻微偏移，应该更换雷管。　　　▶电流测量仪。

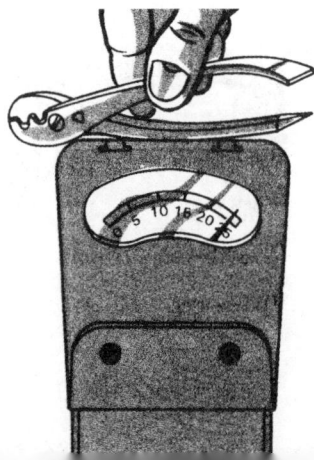

如果使用线路检测器对起爆雷管进行检测，当开关被按压时，检测器上的指示灯闪亮说明雷管工作正常，反之，则替换雷管。

第四步：回到装药场所，如果是使用一块 TNT 炸药，相关人员应仔细清洁其雷管安装孔，如果是使用一块 C4 炸药，则应在其中压出一个雷管大小的引爆孔。

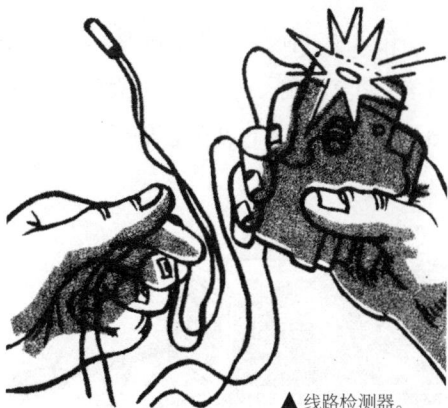

▲ 线路检测器。

第五步：将雷管的导线与起爆电线捻接，打上辫状结。

此接头处理，利于接头处的稳固。

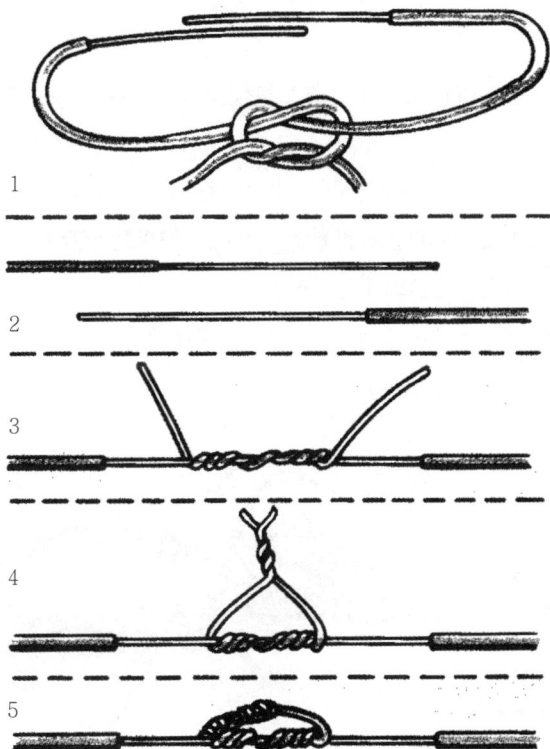

1

2

3

4

5

◀辫状结。

第六步：使用 TNT 爆破时，将雷管插入 TNT 炸药的雷管安装孔，并用起爆接头将其固定；而使用 C4 炸药进行爆破时，应将雷管放入预先压出的安装孔中，并使 C4 炸药包裹在雷管周围。

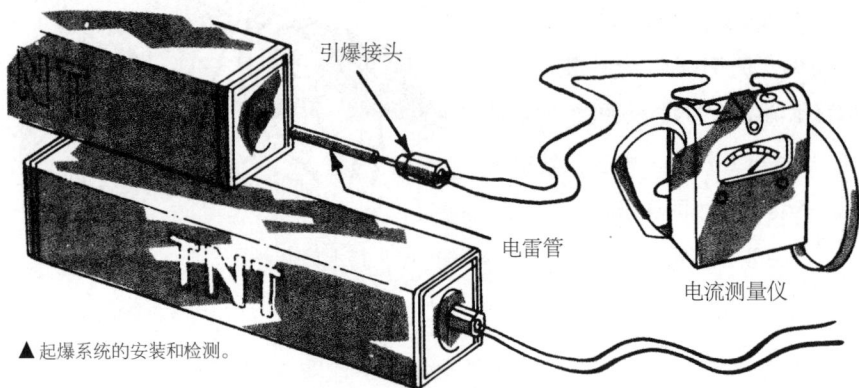

引爆接头

电雷管

电流测量仪

▲ 起爆系统的安装和检测。

第七步：回到引爆区域，用电流测量仪或线路检测器检查电线（操作步骤如前文所述）。

如果电线检查正常，而炸药无法引爆，则是引爆失败。

如果装药未夯实，则可以立即检查该系统，如果装药夯实，需要等 30 分钟才能进行检查。检查时按照以下步骤操作：

①检查电线与引爆器的接头处，确保其接触良好。

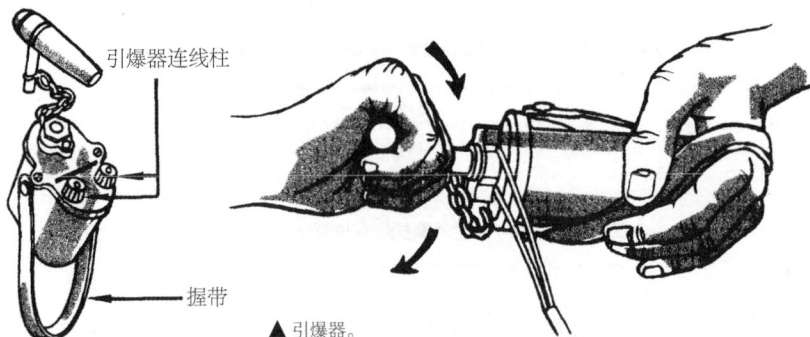

引爆器连线柱

握带

▲ 引爆器。

②再尝试2到3次引爆炸药。

③尝试用其他引爆器引爆。

④将电线从引爆器上取下，并将电线末端与分流器捻接。

⑤来到装药场所进行检查，随身携带引爆器。

⑥检查整条电线，看是否有短路或断路。

⑦禁止移出雷管或炸药。

⑧如果无法找到问题，在原装药处装入新的起爆炸药。

⑨将以前的起爆雷管电线与起爆电线分开，并将前者末端与分流器捻接。

⑩用新换上的起爆雷管、新引爆电线，并引爆新装药，以此诱爆原来的装药。

警告

来自无线电频率信号的电流会使电起爆雷管提早爆炸，因此，在距离电子或非电子起爆雷管50米的距离内，任何人不得使用移动或便携式无线设备。

闪电会对电子或非电子起爆装置产生危害，所以，在闪电出现或其他危险情况出现时，应推迟爆破时间。

在高压输电线路附近155米的范围内，不要操作任何电子引爆装置。

第 11 章

清除障碍物

在战斗中，敌人经常会制造障碍阻止或减慢我军的行进速度。因此，为了顺利完成战斗任务，必须避开或突破敌人的障碍物继续前行。

敌人常用的两种障碍物是地雷和铁丝网，本部分就清扫雷区和清除铁丝网进行了详细讲述。

关键词: 清扫和通过雷区　清除铁丝网

清扫和通过雷区

清扫雷区的方法有很多种，其中非常有效的一种就是通过探测做出标记，然后找出一条安全道路供士兵通过。

探测地雷

●取下身上的头盔、携行具、手表、戒指、皮带、狗牌等任何可能阻碍行进或容易掉落的东西。

●将步枪和其他装置交给战友代管。

●找一根30厘米长的木棒，将其中一端削尖作为探测工具，不要使用金属棍棒。

●用一只手紧握木棒未被削尖的一端。

●在前方1米处开始探测，探测深度在5厘米左右。将探测棍的尖端轻轻向前推，注意使棍子与地面保持小于45°的角度。

●在开始探测时，先采用蹲姿，探测前方1米以内的范围；确认安全后，采用跪姿，再探测前方1米内的范围；确认安全后，采用卧姿。一只手用来探测，另一只手去触摸是否有绊绳或压力叉。

●缓慢将探测棍插入地面，将泥土凿开后，用手把泥土移走。

▲ 探测地雷。

● 当探测棍触碰到坚硬物体时，停止探测。

● 将该坚硬物体四周的泥土移开，找出该物体。

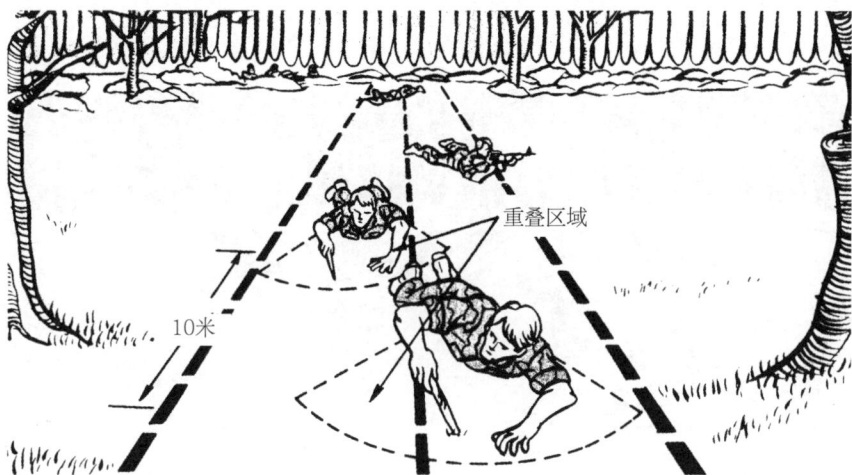

重叠区域

10米

▲ 探测地雷的路线。

标记地雷

● 移开泥土找到该物体，如果确为地雷，仔细查看其种类。

● 在地雷的位置上做好标记，并向上级报告。标记地雷的方式各异，无论选择什么方式，最重要的是让每一个人明白和理解。最普遍的标记方法是，将一张纸片、布条或其他醒目物品系在一个小棍上，并将它插在地雷旁边。

▲ 在地雷旁边做好标记。

通过雷区

在找出雷区安全行进的道路，同时标识好地雷后，安全小组就应该沿道路穿过雷区，检查雷区对面的区域是否安全。如果安全，其他作战单位就可以通过了。

检查雷区对面区域是否安全

▲ 标记好地雷，并检查雷区对面区域的安全。

清除和通过铁丝网

敌军使用铁丝网不仅可以破坏我军步兵与坦克的协同，同时还可以减缓步兵的行进速度。在清除铁丝网时，需要使用剪钳和爆破筒。

清除铁丝网有时是一项秘密进行的任务，这时通常是由侦察兵来完成。在进攻时，清除铁丝网不再要求隐秘，因此除了使用剪钳，爆破筒是更为高效的方式。

切断铁丝网

在需要隐秘进行的情况下，剪断铁丝网的操作步骤如下：

●切断低矮处的铁丝网，保留上端的铁丝网，这样不易被敌军发现。

●选择支撑柱桩附近的铁丝网，作为剪切位置。为了降低切断时发出的声音，可让另一名士兵用衣服裹住铁丝，然后握住铁丝，用剪钳压下深深的剪切痕迹，但不要剪断，然后再将铁丝沿切口来回弯曲直到折断。此方法也可单兵操作。

▲ 清除铁丝网。

▲ 蛇腹式铁丝网。

清除蛇腹式铁丝网时按以下步骤操作：

●切断铁丝，使铁丝网出现缺口。

●将铁丝网向一侧拉开，方便士兵匍匐穿过。

通过铁丝网

从铁丝网下爬过时，需要遵循以下步骤：

●士兵仰躺着前进，头部首先穿过铁丝网。

●足跟用力，推动身体向前移动。

●将武器纵向放置，同时用一只手将其握住。身体从铁丝网下穿过时，注意不要让衣服或装备被铁丝网勾住。

●如若不慎被铁丝网勾住衣服或武器，应保持镇定并使用随身工具将勾连处铁丝剪断。

从铁丝网上爬过时，需要遵循以下步骤：

●身体略蹲，降低重心。

●仔细观察是否有绊网或地雷。

▲ 从铁丝网下通过。

●抓住铁丝网，缓慢跨越。

●当被挂住，甚至被剐伤时，一定要镇定，缓慢解开被挂住的地方。

●为了加快通过的速度，可以将木板或草甸铺在铁丝网上，直接踏着木板
或草甸通过。

使用爆破筒

　　爆破筒的主要作用是破障、排雷、炸碉堡等。它在应对雷区和蝮蛇型铁丝
网及三角桩等构筑的障碍物时发挥的效果奇佳。爆破筒一般的形状是一根和可
口可乐玻璃瓶差不多粗细的铁管，装填的是 TNT 与黑索金的混合炸药。爆破
筒靠的就是爆轰进行破坏，通常爆破筒威力不是太大，主要是因为需要破障手
近迫作业，威力过大容易造成自伤。但也有例外，有时为了炸掉敌人的火力点，
也会使用威力较大的爆破筒。

　　一个爆破筒组由 10 个药筒、10 个连接套筒、1 个端头套组成。由于在每
一个药筒的两端都有雷管安装孔，因此士兵可以按照任意顺序安装组合。各药
筒通过连接套筒连接，为了防止将爆破筒穿过铁丝网时，触发地雷而引起爆破
筒的提前爆炸，士兵需要临时制作一个装置将其固定在爆破装置的一端——这
个临时装置可以用树枝制成，其粗细应与药筒相当。

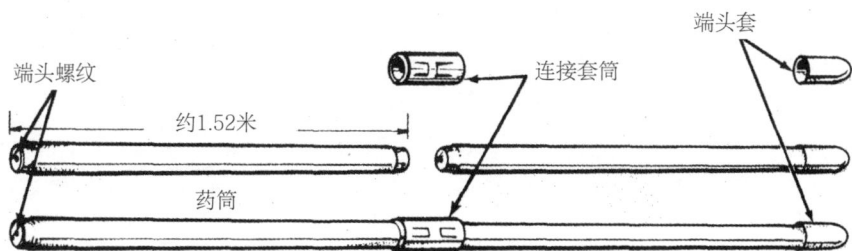

端头螺纹
约1.52米
药筒
连接套筒
端头套

▲ 爆破筒。

当爆破筒组装完毕后，将其穿过铁丝网，并装上电子或非电子引爆系统。

在爆破筒引爆后，使用剪钳将未被炸断的铁丝网切断，并通过铁丝网。

▲ 爆破作业。

第 12 章

城市战

　　在市区作战时，需要非常特殊的技能，这些技能的掌握与否，直接影响任务能否成功完成。本部分讲述了部分城市战技能，为步兵各兵种必须掌握的基本部分。

关键词： 移动　进入建筑物　手榴弹的使用　阵地的利用

移动

在城市内移动是一项必须掌握的基本技能。为了将暴露于敌人枪口之下的概率降至最低，士兵必须遵循以下规则：

●压低身体，切勿暴露身体的轮廓。避免经过没有掩护的空旷地带，如街道、胡同、广场、公园。

●在移动之前先找到下一个能提供掩护的位置。

●使用烟幕、建筑物、瓦砾或树木来隐藏你的行踪。

●移动位置的过程中务必做到迅速且隐蔽。

●在移动时，切忌阻挡掩护的火力，应随时保持警惕。

越过墙体

在越过墙体时，动作必须迅速。具体步骤为：首先找到墙体的低点便于翻越，同时侦察在墙体的另一面是否有障碍物和敌人，确认安全后，压低身体，快速地翻过墙体。迅速的动作和低轮廓都能保证越过墙体时不易被敌人发现。

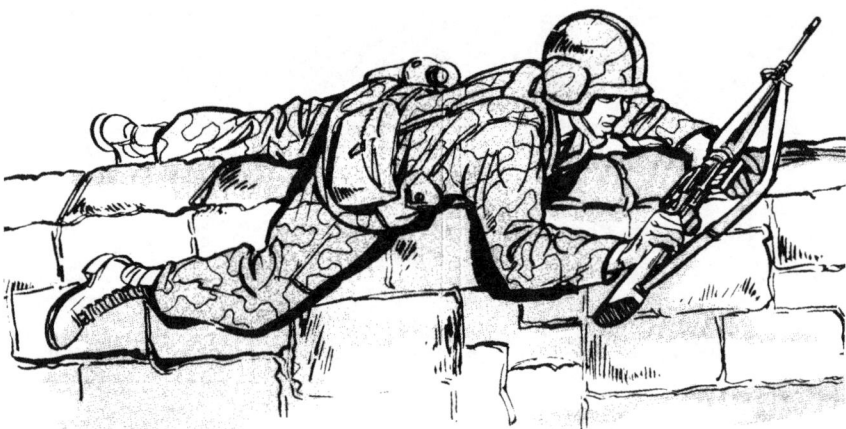

▲越过墙体。

通过拐角

在通过拐角时，首先要观察拐角后面的区域有无障碍物和敌人。在观察时，不要暴露自己。带上头盔趴在地面观察，注意不要暴露随身携带的武器。确认安全后，压低身体快速通过拐角。

▲ 通过拐角。

经过窗户

当经过地下室的窗户时，士兵应该抬腿跨过或跳过窗户，注意不要暴露腿部和脚。

▲ 经过地下室窗户。

在经过建筑物一楼的窗户时，士兵应将身体压低至窗户位置以下，贴着墙体通过，同时注意不要让自己的轮廓反射在窗户玻璃上。

▲ 经过一楼窗户。

平行于建筑物外立面移动

当士兵必须沿平行于建筑物外立面的方向移动时，尽量使用烟幕作为隐蔽，或让其他士兵掩护。通过时，身体压低，并靠近建筑物墙体，尽量利用阴影区域，快速地由一个有掩护的区域移动到另一掩护区域。

▲ 平行通过建筑物外立面。

通过空旷地带

尽可能避免经过死亡密集区，如街道、胡同、广场和公园。由于上述区域特殊的地理位置，非常容易被敌人的机枪射中。当你必须通过空旷地带时，选取最短的路线，并施放烟幕作为掩护或要求战友掩护，依据跃进的战术要领快速通过。

如图所示，若士兵必须由图中 A 点到达 C 点，则不应直接从 A 移动至 C，因为在所有路线中，A 到 C 的整段距离都几乎暴露于空旷地带中，因此也会给敌人更多的机会向你射击。

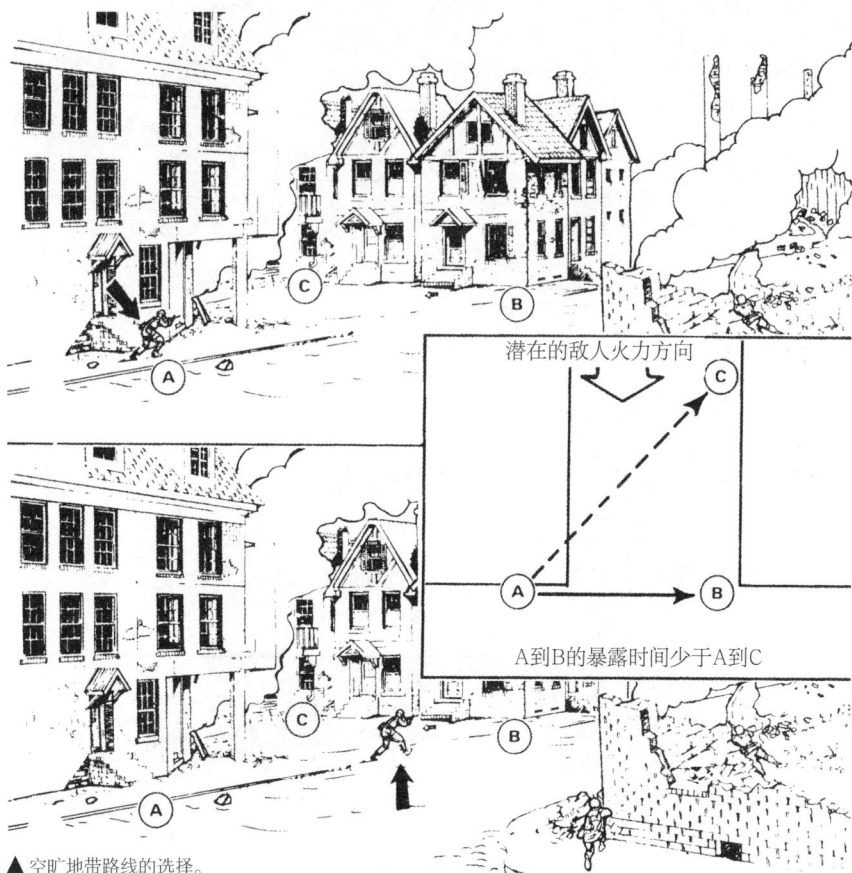

▲ 空旷地带路线的选择。

当准备从 A 点移动到 C 点，士兵应该选择经过 B 点到达，虽然总的移动距离增加了，但是暴露于敌人视线中的距离缩短了，由此更加安全。

在建筑物内的移动

在建筑物内移动，士兵应注意不要让身体的轮廓反射在门或窗户上，按照之前讲述通过窗户的操作行进。

如果必须在走廊上行进，士兵应紧靠着墙体，迅速移动，不要让自己被敌人发现。

▲ 经过窗户。

▲ 通过走廊。

进入建筑物

进入建筑物时，士兵应做好一切可能的准备，不要让自己暴露于敌人的视线中。以下是一些必须遵循的基本规则：

- ●在移动前选好进入点。
- ●避开窗户和门。
- ●施放烟幕作为掩护。
- ●使用爆破或坦克炮击炸出新的入口点。
- ●在进入前，朝进入点投掷手雷。
- ●手雷在建筑物内爆炸的同时，请求战友掩护，并快速进入室内。
- ●尽量选择建筑物的制高点作为进入点。

选择高处作为进入点

清除一栋建筑物里所有威胁的最理想方法是由上至下逐层清除。这也是我们要尽量选择较高位置作为进入点的原因。假设在该建筑物防守的敌人已经撤退至底楼，那么他们很可能会离开该建筑，这样，就很容易被埋伏在建筑外的我军攻击。

▲ 高处进入。

如果防守的敌人向顶楼转移，那么他们的撤离可能需要付出更大的代价，甚至不得不通过其他建筑物的屋顶逃窜。

要到达顶楼或屋顶，可以借助绳索、梯子、排水管、植物藤蔓、直升机或邻近建筑物的屋顶。如士兵可以通过人梯向上攀爬，还可以将抓升钩固定在绳索的一端，并将其掷向屋顶，待抓升钩勾住屋顶的物体后，再沿着绳子向上攀爬。

▲ 直升机屋顶绳降。

地面进入点

尽管由高处进入是一种理想的进入方式，但是当我们无法到达屋顶或顶楼的时候，不得不选择由地面进入建筑物。由地面进入时，尽量避开门窗，因为敌人很有可能在门窗处设置陷阱或已将其置于火力监控之下，随时准备开火。

在由地面进入时，使用爆破、大炮、坦克、反坦克武器或其他装置在建筑物墙体上炸出一个进入点。在经进入点进到室内之前，先往里补掷一枚手榴弹以确保室内的威胁被清除。

▲ 地面进入。

手榴弹的使用

在建筑物内交火时，可使用手榴弹清除房间及走廊处的威胁。在进入门、窗、大厅和楼梯间等入口之前，先扔进一枚手榴弹。为了防止敌人将手榴弹扔回，可以在投掷前让延时引信先工作2秒钟。

手榴弹的操作为：拔掉保险销，松开保险杆，在默念"one thousand one""one thousand two"（约耗时2秒钟）后，将手榴弹掷出。

如果需要将手榴弹扔进建筑物高层入口，最好借助榴弹发射器将

▲ 投掷手榴弹。

其射入。

在向入口投掷手榴弹前，需要选择一个能提供掩护的位置以防止手榴弹未掷入目标区域，在其他地方爆炸，或敌人将手榴弹掷回引起危险。当掷出手榴弹后，士兵需紧靠墙体以此作为掩护。当手榴弹在室内爆炸后，立刻进入建筑物。

阵地的使用

城市战的阵地与其他地形的阵地存在很大区别。城市战的阵地通常不会像本手册第二章所描述的阵地那么设施齐备，在有些场合，城市战的阵地是匆忙选择的，甚至没有任何掩体。

拐角阵地

如果选择建筑物的拐角作为阵地，那么身居其中的士兵必须进行抵肩射击，其优势在于：抵肩射击时，身体的另一侧可以紧靠墙体，由此可以保证身体暴露在敌人视野的区域非常有限。如果条件允许，士兵在开火时可进行抵肩匍匐射击。

▲ 拐角阵地。

墙体阵地

    隐蔽在墙体后射击时，尽可能从墙体侧面开火，而不要从墙体上方射击。其原因在于，从侧面射击更不易被敌人发现。同时，身体压低，紧靠墙壁，尽量抵肩射击以保证身体的大部分区域处于掩护之中。

▲ 墙体阵地。

窗户阵地

    把窗户作为阵地时，士兵不应站立，否则会将大部分身体暴露于敌人的视野中，并且也不要将步枪的枪口伸出窗户，以防暴露自己的位置。

    隐蔽在窗户后射击的最佳方法是保持与窗口的距离，这样，枪口或反光都不容易被敌人发现，同时，最好跪下射击，以减少身体暴露的区域。

▲ 窗户阵地。

为了提高窗户阵地的隐蔽性，可以用木板或其他材料遮蔽窗户，但要留下一个小孔用于射击。如果只遮蔽一扇窗户反而会引起敌人的注意，所以将其他的窗户也遮蔽起来，这样敌人就无法轻易知道窗户阵地的准确位置了。另外，遮蔽窗户的材料的摆放应该是不规则而凌乱的，这样也便于隐匿。

将沙袋堆放在窗户的下方和周围，除了可以起到加固的作用，也能将之用作掩体。同时，士兵应将窗户上的玻璃移除，以防止战斗时飞溅的玻璃碴伤人。

▲ 加固的窗户阵地。

屋顶阵地

屋顶阵地能够提供射击的有利位置及掩护火力，尤其适合狙击兵射击。从屋顶射击时，士兵应压低身体，并且不要露出身体的轮廓以防被敌人发现和攻击。

▲ 屋顶阵地。

　　无论是烟筒，还是其他屋顶突出结构的背面都可以用作阵地。如果可行，士兵还可以移出屋顶的部分建筑材料，即将屋顶掏空，这样，士兵就可以站在屋内的横梁或平台上，只有头部和肩膀露出屋顶，同时还可以在阵地周围堆放沙袋以提供额外的保护。

　　如果屋顶没有任何突出结构，则士兵应考虑将面向敌人的屋顶下方区域用作阵地。首先从该区域移出部分建筑材料以容纳士兵及其武器装备，然后堆放足够的沙袋用作掩体，最后，士兵应尽量远离阵地入口处，并隐藏好自己的步枪枪口和瞄准镜。但是，这种阵地具有一定的危险性，因为敌人可能会注意到屋顶某个区域的建筑材料被移走了，光秃秃的。

▲ 屋顶内的阵地。

▲ 屋顶下的阵地。

射击孔

在墙体上开射击孔可以为阵地提供掩护，同时还可以起到观察的作用。在开射击孔时注意，孔数应尽可能多，由此影响敌人的判断。在射击孔后方射击时，士兵要与之保持一定距离，不要让步枪枪口和瞄准镜出现在枪眼处，否则会暴露自身的位置。

如果士兵是隐藏在建筑物的二楼，为了加固射击孔，并为自身提供更坚固的掩体，可以将沙袋铺在地板上，匍匐射击时，士兵可以趴在沙袋上。这种做法的好处在于，如果一楼发生爆炸，堆放在你身下的沙袋可以起到保护作用。为了获得更多的保护，你还可以搭建一个高架掩体，具体做法是：将一张桌子摆放在射击孔附近，桌上堆放沙袋或其他坚固的物体即可。此掩体可以保护自身不被落下的残垣断壁所击中。

▲ 普通射击孔。　　　　　　▲ 加固的射击孔。

第 13 章
跟踪

在执行任务时，士兵必须对敌军的行迹随时保持警惕。这些行迹可以告诉你，敌军可能在什么地方出现，从而给部队更充裕的时间做好与敌军交火的准备。在跟踪敌军时，如果与其失之交臂也不用担心，因为只要他留下痕迹，就很容易再次找到其下落。

关键词： 侦察兵素质 基本原则 转移 着色 天气 废弃物 伪装
解析使用情报 侦察队 侦察犬 反侦察

侦察兵必备的素质

跟踪是一项精细的艺术，要掌握这门艺术必须经过无数次的实践，而且还必须熟知跟踪的基本技巧，这样才可能发现隐藏的敌人并跟踪他，找到并避开地雷和陷阱，或找出埋伏的敌军并警示其他战友。

跟踪的技术手段主要有两类：目视跟踪和气味跟踪。目视跟踪主要通过观察人或动物留下的痕迹进行跟踪，痕迹通常是留在地面或植被上的。气味跟踪是靠特殊的气味跟踪人或动物。

在跟踪敌军时，除了善于运用常识和经验，还必须具备以下特质：

●耐心。

●在侦察和解析敌军所留下的踪迹时，行动必须缓慢、安静、从容。

●不要快速移动，否则可能会遗漏一些重要的细节或者误闯入敌警戒区。

●在执行跟踪任务时，一定要有坚定的信心和决心，无论线索是多么渺茫，天气是多么恶劣，尽最大努力完成任务。

●在追踪曾经失去的线索时，要有坚定的信心和决心，不要轻言放弃。

●追踪时必须保持敏锐的观察力，擅于找到看似普通的可疑之处。

●除了目视跟踪外，还要擅于利用听觉和嗅觉。

●培养一种直觉，能发现寻常事物的不寻常之处，这有助于找回曾经丢失的线索以及发现更多有用的细节。

●了解敌军的作战行军习惯、武器装备以及优势。

跟踪的基本原则

在跟踪敌军时，为了做到心中有数，不妨问问自己这些问题：

跟踪的敌军数量？

他们是否训练有素？

他们的武器装备如何？

他们是否身体健康？

他们的士气如何？

他们是否知道自己被跟踪？

要找到这些问题的答案，必须借助任何可以获得的迹象，每一个迹象都能够告诉你在某个特定的时间和地点，发生了什么样的事情。例如：一组脚印就能够说明，有人在某个时候经过了这一地点。

跟踪的 6 个基本原则是：

- ●转移
- ●着色
- ●天气
- ●废弃物
- ●伪装
- ●解析使用情报

你发现的任何一个迹象都属于以上一个或几个原则。遵循这些原则，就能够回答上述问题，对敌军有一个全面的了解。

转移

转移是指某个物体或人自其原有位置移出，例如：一组留在松软、潮湿的土地上的脚印就能表明有人或动物曾经经过。通过研究一个人经过时留在地面的脚印，可以得知他是否光脚行走或者脚上的鞋子已经破旧不堪，再由此推断出此人的装备情况。

如何分析脚印

脚印可以表明以下信息：

- ●部队行走的方向和速度。
- ●部队的人数。
- ●是否带有重装备。
- ●部队士兵的性别。
- ●部队是否知晓被跟踪。

如果脚印很深并且步幅很大（脚印之间的距离长），说明该部队行进迅速。基于这种状态，脚印中脚尖留下的深度越比脚跟深，那么就表明其行动速度越快；如果脚印很深但步幅较短，两个脚印之间的横向距离较宽，且能找到拖着脚行走的痕迹，则说明留下脚印的人在负重行走。

通过脚印的尺寸和位置，也可以判断性别。通常来说，女性行走时多是内八字的，而男性行走时多是直线行走或微微外张的。除此以外，女性脚的尺寸也比男性小，行走时的步幅也较短。

如果部队成员知道自己被跟踪，就会试图向相反方向行走一段距离以隐藏自己的踪迹。但倒着行走的人留下的脚印步幅较短而且不太规则，且脚印的脚跟位置会比正常状态留下的印记更深。同时，地面上也会留下被刻意踢过的痕

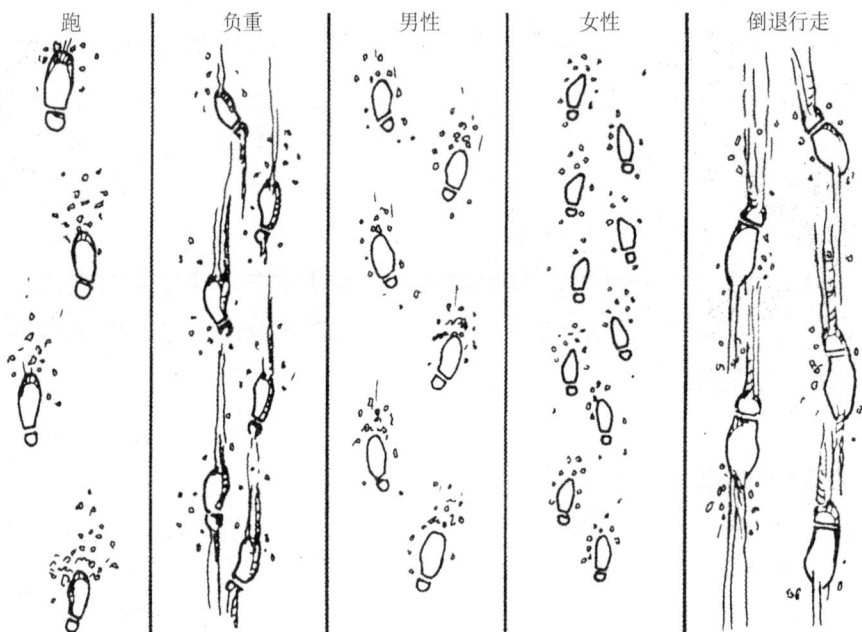

▲ 不同类型的脚印。

迹。综合以上情况，大致可以判定敌军在利用后退方式隐藏自己的行进方向。

一般情况下，走在队伍最后的人留下的脚印最为清晰，所以，这种脚印也叫作关键脚印。取一根与关键脚印长度相等的树枝，并在树枝上标注关键脚印

最宽处的距离。研究关键脚印的角度可以确定行进的方向；同时，仔细检查关键脚印上的细节，以获取更多的信息。如果，队伍行进的某些足迹变得模糊不清或被毁坏，以及与其他的足迹混杂，可以使用刚才准备的树枝来确认关键足迹，这也能保证你继续跟进而不会偏离正确的方向。

当确定队伍中的士兵人数时，可以使用矩形计数法。这个方法的具体操作

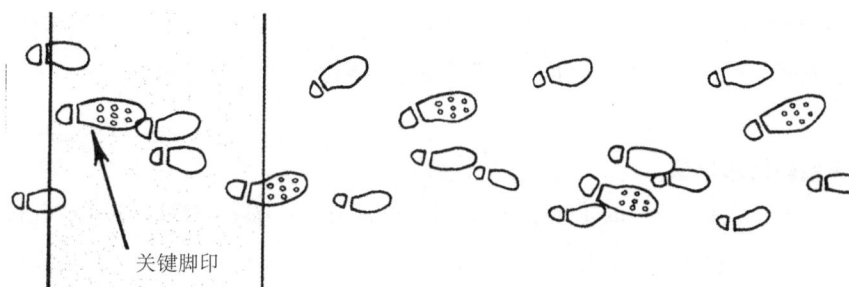

关键脚印

▲ 步长单位测量法。

有两种方式："步长单位测量法"和"36英寸矩形计数法"。

步长单位测量法是准确率最高的，适用于18人以下的人数测定。

具体操作为：选择一个关键脚印，并在其脚后跟后方画一条横穿整个足迹

通常情况下，人的步行步幅不会超过75厘米（约30英寸），两步的距离不会低于90厘米（约36英寸），因此选择75厘米（约30英寸）或者90厘米（约36英寸），基本保证每个人不会在选定区域中留下重复脚印，导致计数偏差过大。

10个脚印说明有5个人。

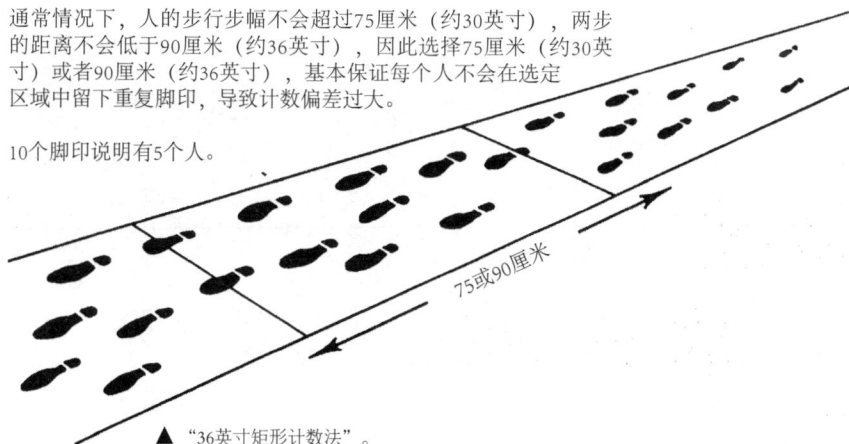

75或90厘米

▲ "36英寸矩形计数法"。

的直线，接着向前移动，找到另一只脚的关键脚印，并穿过其脚背画一条横穿整个足迹的直线。足迹的两条边线和刚才所画的直线组成了一个矩形。接下来，数一下这个矩形中的完整或不完整脚印数量（关键脚印只算一次），以确定队伍中的士兵人数。由于每个正常通过的人都至少会走进这个矩形区域一次，因此得到的数字具有较高准确性。

使用"36英寸矩形计数法"确定士兵人数时，在整个足迹中截取一段长为75厘米（约30英寸）或90厘米（约36英寸）的区域，然后数一下这个矩形中的脚印数，再除以2得到的便是队伍的士兵数量。

其他的转移标识

脚印并不是唯一的转移标识，除此以外，树叶、苔藓、藤蔓、树枝或者石头位置改变也能表明有人或动物经过。当大量的露珠从叶片上滑落，树枝或石块被翻动，露出背面或底部的颜色，草或其他的植物弯曲或折断都表明转移的发生。

由于行进时作战服可能被一些植物刮破，所以在荆棘、带刺的植物或地面上都可能发现被扯下的布片。靴子上所带泥土也可能会落在地面，成为转移的痕迹。

转移还可能使鸟类等野生动物从其巢穴中跑出，一些鸟类受惊后会发出奇

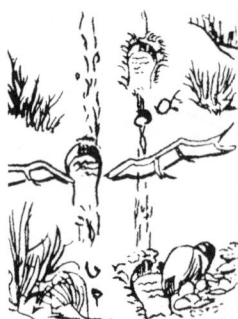

被翻动过的石头和树枝　　伏倒的草丛和折断的树枝　　　　水边留下的足迹

▲ 常见的转移痕迹。

怪的叫声。在无风的日子，茂密的草丛或灌木林却突然改变了形状或位置，这些迹象都能说明有人或动物经过，应该引起警惕。

当行进在茂密的植被中，士兵会折断树枝以便前行，但同时，也改变了植物原来的位置或形状。当士兵负重休息时，也会留下一些痕迹。如果将武器放置于地面，会在地面留下印记（经验丰富的人可以通过这些印记辨认出武器的种类和型号）。负重休息或野营时，人或装备都可能会压平草丛或折断树枝，例如睡觉的士兵可能会压平身下的植被，由此泄露踪迹。

在很多地区，都有各种各样的昆虫。昆虫的任何反常活动都可能是人类经过此地的证据，例如：蜂巢被破坏引起蜂群的骚乱，或者被撕破的蜘蛛网也是很好的线索。

如果想借助走水路以隐藏自己的行踪，也未必能够成功。因为水藻和其他水生植物很可能被粗心的士兵带上河岸。石头也可能被翻动，露出其反面：比正面颜色稍深或稍浅。走进或走出河流时，很容易在岸边留下水迹、打滑的痕迹及脚印，或者在岸边的草木上留下摩擦的痕迹。正常情况下，人和动物都会选择障碍物最少的路线，因此仔细查看河岸、空旷地带以及其他一些容易通过的地形，都可能找到转移的痕迹。

着色

着色的一个很典型的例子就是伤员留下的血迹。伤员的血迹一般是水滴形的，滴落在地面、树叶或枝条上。

根据血迹可以判断伤员受伤的部位：

● 如果血流不止，留下大摊血迹表明伤口可能在大血管。

● 血迹呈粉红色，多泡则说明是肺部受伤。

● 血迹量多，色深，黏稠如凝胶则可能是脑部受伤。

● 如果胃部受伤，流出的是血液与消化液的混合物，所以血迹色浅，有异味。

当一个人穿着泥泞的靴子经过草丛、石堆或灌木林时，会在这些物体上留下泥痕。研究这些泥痕可以判断敌军行进的方向。在石质地面上不易留下脚印，但是被踩踏的草叶可能会留在鞋底进而给地面的石块染色，由此为侦察提供线索。除草叶外，植物的根茎、石头和藤蔓也可能被踩踏的草叶或破碎的浆果染色，由此留下痕迹。甚至，在雪地上有时会看到驻扎此地的士兵的黄色尿迹。

有时，染色和转移这两个概念无法准确区分，因为这两个动作都会留下一些共同的痕迹。例如：浑浊的河水可以表明不久前有人或动物经过，泥土被踩踏，由此搅浑了河水，也可能是沾泥的靴子踏入河水将其染色。

在沼泽地面上，如果发现脚印里的水浑浊，则说明不久前有人或动物经过。不久后，水中的泥土就会沉淀，水质则变得清澈。一般来说，踩踏沼泽一小时后，脚印里的水质就会澄清（当然，该时间会随着地形的不同而变化），由此就可以推断出留下脚印的大致时间。

天气

天气既可以帮助跟踪也可能阻碍其顺利进行。天气对痕迹的影响为：可以提供线索判断出留下痕迹的时间，但雨、雪、风和阳光同样可能影响目标痕迹的留存。

通过研究天气对痕迹的影响，可以推断出留下痕迹的大概时间，例如：当鲜血刚刚滴落时，是鲜红色，随着时间的推移，光照和气流会使血液的水分蒸发，于是血迹颜色变成深红色直至深棕色。类似的例子还有树木上的刀痕，随着时间推移，刀痕的颜色会逐渐加深以及从树木切口里流出的树液，在空气中暴露的时间越长，会变得越黏稠。

脚印

脚印受天气影响很大。当脚踩在松软潮湿的土壤上，就会形成脚印。由于泥土的潮湿，脚印的形状将是非常明显的印记。由于太阳和空气的影响，水分蒸发，脚印上一些细小的泥土颗粒就会干燥脱落，掉进脚印里，脚印也变得线条圆滑。仔细进行研究，如果脚印上的泥土颗粒正在脱落，说明脚印是不久前留下的；如果脚印上的泥土已经干燥变硬，则说明，脚印至少是1小时前留下的。由于各地的天气和地形迥异，所以以此判断标准仅作参考。

一场小雨就会让干硬的脚印再次湿润，因此还需要记住上一次下雨的时间，以得到一个相对准确的时间。一场大雨则会清除所有的痕迹。

风对脚印也有影响。除了使脚印变得干燥，风还能将一些垃圾、树枝或叶片吹进脚印中。你需要记住上一次刮风的时间，以方便推算留下脚印的时间。例如：虽然现在很平静，但是在一个小时之前曾经刮过一场大风，这些脚印里的垃圾可能就是大风吹进来的，于是推断出脚印是在 1 小时以前留下的。当然，在使用这个方法前，必须确认脚印里的垃圾或树枝等是被风刮进来的，还是在踩下脚印的同时留下的。

值得注意的是，蹚过河流走出的足迹常常与雨天行进时留下的足迹相类似，这是因为，湿衣服或装备上的水会滴落在脚印里。尤其是纵队蹚出河流时，每一个人身上的水都滴落在脚印里，非常酷似雨中行军留下的痕迹。正慢慢变干的湿漉足迹表明，不久前有队伍经过。

风、声音和气味

风会影响声音和气味的传播。如果风是从你前进的方向吹来，那么你能听到或闻到敌军的声音或气味，反之，如果风是从你身后吹来，那么你所在部队的声音和气味则容易被敌军感知，因此，判断风向非常重要。其方法为，抓起一把干土或草，在肩的高度扔下，观察干土或草飘落的方向。

为了确定某个声音的来源，将双手放在耳朵后作收音状，然后慢慢旋转身体，当听到的声音最大时，所对的位置就可能是声源方向。

为了掩盖自己的声音和气味，在行进时，尽量逆风。

太阳

行进或战斗时，必须要考虑太阳的影响，例如正对太阳时，强烈的光线使观察和瞄准都变得十分困难，因此，尽可能背光行进或战斗。

废弃物

低素质的军队在行进时会留下很多的废弃物，如：口香糖、糖纸、罐头盒、烟蒂和粪便等。这些废弃物都可能为我军提供关于敌军近期行动的信息。

天气会影响这些废弃物的形状等。例如：雨水会将废弃物冲走，或将纸质物体变成纸浆；风能将废弃物从原有位置吹走；罐头盒在空气中会生锈，先是表面生锈，慢慢地整个盒子都会被腐蚀。在对这些废弃物进行分析时，需结合当地最近的一次降雨或大风的时间，推断出留下废弃物的时间。

伪装

如果敌军知道被跟踪，会使用一些伪装来隐藏其行踪，或者故意减慢行军速度以干扰你的判断。其常用的伪装方式有：后退行走、清除足迹、选择石质地面或经水路行进。

敌军可能会选择石质路面、热闹的马路或混入过路的百姓中以达到隐藏其行踪的目的。重点检查以上路线，因为敌军很可能已经在附近布设了地雷或进行了埋伏，甚至安排了狙击手。

同时，敌军也会尽量避免留下痕迹，他们可能将战靴用破布包裹，或穿上软底靴，这样留下的脚印将是模糊不清的。在蹚过河流上到岸边时，会选择以纵队上岸，由此达到伪装的效果。

如果敌军知道自己被跟踪，就会试图向相反方向行走一段距离以隐藏自己的踪迹。倒着行走的人留下的脚印步幅较短而且不太规则，并且，脚印的脚尖位置很深。同时在地面也会留下被刻意破坏过的痕迹，这是敌军在利用后退隐藏自己的行进方向。

如果敌军的足迹消失在一条坚硬的路面或石质路前，士兵应仔细查看这块区域，力图找到敌军走完这条路后的行进方向。在石质路上，即使是最谨慎的士兵也会踢到或触碰到石头上的地衣和苔藓，所以依然能够找到有用的线索，如果线索突然中断，则应回到上一个线索加大范围仔细搜寻，直到找到下一个可以跟进的线索为止。

解析使用情报

在向上级报告情报时，一定要分清楚事实与推论，不要把个人的主观推论当作事实来汇报。同时报告发现的痕迹，而不是已经存在的不相关事物。

即时使用情报（immediate use intelligence），该术语是指所有关于敌军的可靠情报，这些情报能够被马上加以分析和运用，可能带给敌人一次突袭，可能让敌人手足无措，也可能破坏敌军的逃跑计划。部队指挥官拥有许多情报来源，他将所有的情报综合在一起分析出敌军的位置、计划以及目的地。

侦察兵提供的信息必须清楚明确，使上级可以在第一时间做出反应。例如：当侦察兵报告敌军单位离我军有 30 分钟距离，向北行进，此刻正在某个位置。听到报告后，上级会立即指示侦察兵继续跟踪并派遣另一队士兵去攻击敌军。如果掌握了敌军近期的活动，上级则可能及时安排埋伏。

侦察队

你所在的单位可能组建一个侦察队，它是整个队伍行进时的先头部队或者是一个独立的单位。侦察队的建制和规模可以各有不同，但都应该任命队长、一个或多个侦察兵以及为侦察兵提供安全的突击手。一个标准的侦察队包括以下人员：队长、三个侦察兵、三个突击手和一名无线通信兵。

当侦察队行进时，最好的侦察兵应该居于最前，紧随其后的是他的突击手。另外两名侦察兵在侧翼位置行进，各自的突击手紧随其后。队长应该在最有利于控制整个侦察队的位置，在队长旁边是无线通信兵。

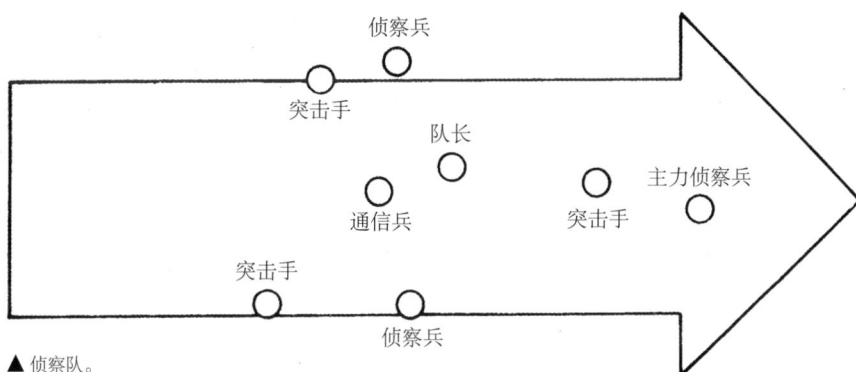

▲ 侦察队。

侦察犬

侦察犬可以协助跟踪敌军。侦察犬受过专门的训练，由驯化兵管理。其优势在于它敏锐的嗅觉，可以根据气味追踪到敌军。

在执行侦察任务时，可以要求侦察犬加入侦察队。侦察队找寻看得见的线索，侦察犬和驯化兵则紧随其后。当侦察队失去线索时，侦察犬便根据气味继续追踪。侦察犬的速度快于人类，并且可以在夜间跟踪敌军。

为了更好地执行任务，驯化兵要教会侦察犬不能吠叫，也不能从队伍里擅自离开，还要学会避开诱饵和除臭剂。

反侦察

在知道如何对敌军进行跟踪后，还必须掌握反侦察技能。以下讲述的是一些基本的反侦察技巧：

●在由一个封闭地形转移到空旷地带时的，先经过一棵预先选定的大树（直径至少为 30 厘米），并向空旷地带行进 3 到 5 步，然后再回到大树正前方，然后向 90° 方向继续前进。行进时保持谨慎，尽量不留下痕迹。如果刚才前进的位置并不是你的目标方向，则在 50 米左右再次改变方向，使用同样的方法。该方法的优点在于可以将敌军侦察兵引到不易进行侦察的空旷地带，并使其暴露，误导其在错误的区域进行侦察。

●向一条道路行进时，在距离它 100 米左右的地方改变自己的行进方向，以 45° 角向其行进。当到达这条道路时，沿着道路继续前进 20 到 30 米，并边走边故意留下一些痕迹。然后转身沿着道路往回走，一直走到之前到达该路的位置。然后穿过道路，在原到达点对面的位置以 45° 方向行进 100 米。当再次回到最初行进的路线时，使用上面所提到的大树技巧（即利用大树改变行进方向的技巧）前进。该方法的目的是误导敌军，使其沿着错误的路线追踪。

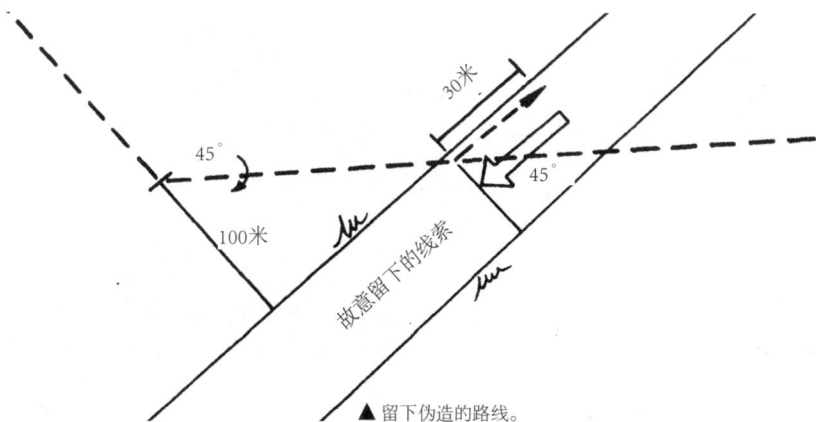

▲ 留下伪造的路线。

●为了伪造路线，使敌军选择错误的方向进行追踪，可在松软的地面倒退行进并留下足迹。每行进 20 到 30 米的距离，执行上述操作一次，直到踏上了坚硬的地面。在蹚过河流上岸时，可以使用这个技巧，如果希望达到更好的效果，可以在真正上岸之前，反复操作上述技巧。

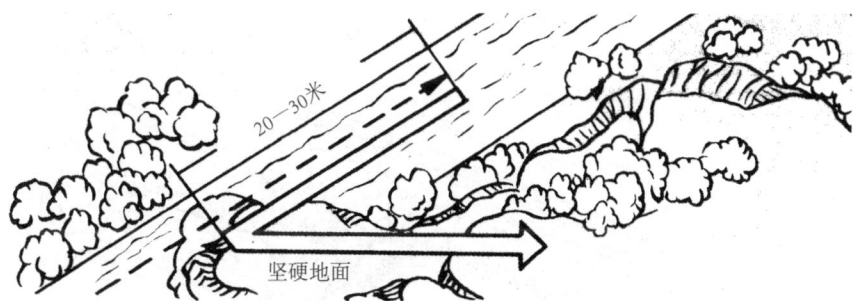

▲ 河流、小溪是极好的掩盖行踪的路线，但要处理好上岸点的痕迹。

●向一条河流行进时，在距离它 100 米左右的地方改变自己的行进方向，以 45° 角继续向河流行进。当到达该河流时，在河水中向下游前进 20 到 30 米，然后转身向上游前进至最初下河位置的对面时，即可上岸。在下河之前改变行进方向，可以迷惑敌军侦察兵，当他沿着错误的路线蹚过河水，再上岸时，会发现线索已经中断。这项技巧非常有效，足以把敌军远远地甩在后面。

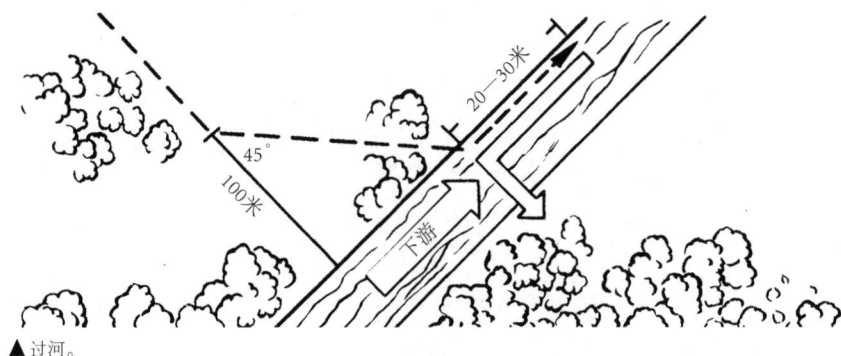

▲ 过河。

●如果行进路线正好与一条河流平行，则可以利用这条河流误导敌军侦察兵，以下就是一些规避敌军的战术：

在河流的中间和深水处前进 100 到 200 米距离。

寻找岸边是否有露出的较大的植物根部或大石块，注意在其表面不要有地衣和苔藓。找到合适的位置后，踏上植物根部或石块上岸。

倒着走，在松软的地面留下足迹。

向上通过一条植被茂密的支流。

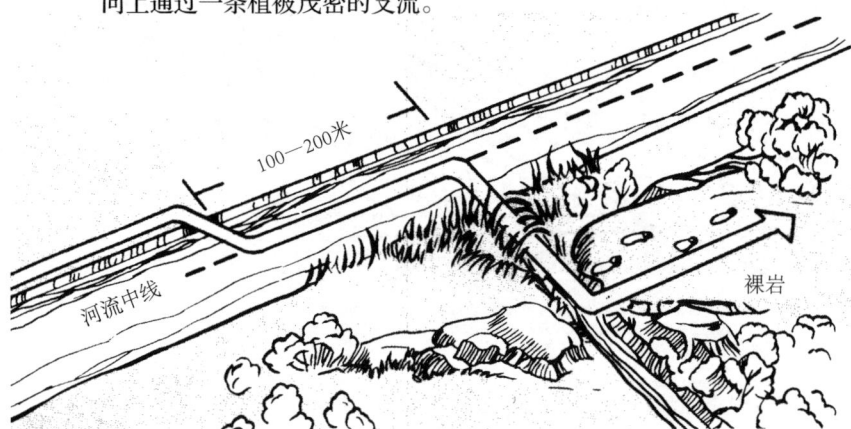

▲ 行进路线正好与一条河流平行。

●当队伍发现被敌人跟踪时，最好的策略就是要么将其远远地甩在身后，要么原路返回伏击敌军。

第 14 章

生存

在连续的战斗和快速行军过程中，士兵很容易与自己的队伍失散。而失散后的首要任务自然是尽快返回原来的队伍。

本部分将介绍一些技巧以帮助失散的士兵尽快与原单位汇合。

关键词: 生存 抵抗 安全

生存

生存是指依靠有限的资源活下来。当士兵与部队失散，在成功躲避敌人的搜捕或成为战俘后，必须想尽一切办法生存下来。要想生存就需要知道如何获取食物和照顾自己。

躲避

躲避是指与部队失散的士兵采取适当的措施，避免在敌占区被俘虏。以下讲述的措施能够帮助士兵避免被敌人俘虏并与原单位汇合。

可以待在原地，等待友军找到自己——执行该措施的前提是，士兵能确定友军会在该区域行动，通常在该区域周边有大量敌人时，采用这种方式。

可以找到合适机会向友军阵地前进——执行该措施的前提是士兵知道友军的准确位置，并且敌人的队伍较分散，便于之后的行动。

在其他措施不可行的情况下，可以选择一个暂时行动，即深入敌后，暂时采取游击战的策略。如果该区域的敌人数量不多，或者在此区域有极大的可能性与友军游击队相遇，那么这就不失为一个不错的策略。

士兵还可以将以上措施结合在一起，根据实际情况加以运用，例如：可以待在原地，一旦敌人由该区域撤离，立刻去友军驻地寻求帮助。

为了保护自己的安全，不被敌人俘虏，士兵可能必须独自杀死、击晕甚至俘虏敌人。在进行这些活动时，使用步枪和手枪都会发出巨大的声响，为了不惊动敌人，应使用以下武器：

● 刺刀。

● 绞索（带手柄的绳子）。

● 棍棒。

无论是白天还是黑夜，使用这些不会发出巨大声响的武器都需要高超的格斗技能和隐蔽技术。

抵抗

美军传统观念和基本原则要求士兵在战斗中坚持不懈，永不放弃。在已经或可能被捕的情况下必须坚持的操守：

●永远不要放弃追求自由的理想，永远不要忘记自己是为自由而战的美国人。

●只要士兵还有抵抗的决心和意志，指挥官就必须配合和支持士兵的抵抗行为。

●如果被敌人俘虏，不放弃任何脱身的机会，并协助其他战俘逃脱。

●如果被敌人俘虏，不接受敌人的特殊优待。

●如果被敌人俘虏，不向敌人承诺放弃逃跑。

●如果被敌人俘虏，不做伤害战俘同伴的事情。

●如果被敌人俘虏，可以向敌人提供姓名、军衔、编号及出生日期。但要尽力避免回答任何其他问题，并且不发表任何不利于国家及其盟国的口头或书面声明。

逃脱

逃脱是指在被俘虏后逃离敌人军营或监狱的行为。

被俘虏初期，是最好的逃跑时段，因为那时士兵的身体状况应该是最好的，有足够的体力逃跑。战俘的配餐往往仅够糊口，保证基本的生存需求，并且战俘得到的治疗有限，医疗护理不足，这一切都很容易使士兵身体虚弱，甚至患上夜盲症，失去身体协调能力和基本的逻辑判断能力。

尽快逃脱的其他原因在于：

●友军的火力或空中打击能够为顺利逃脱创造有利条件。

●战场上看管战俘的第一批士兵通常不及后方的看守训练有素。

●看管战俘的第一批士兵很可能在战斗中受过伤，受到伤痛的折磨，容易降低警惕性。

●刚刚被俘时，士兵对当地地形地势相对熟悉，便于选择合适的逃脱路线。

●在敌人看护注意力分散时，尽快逃跑。

逃离敌人军营后，即使你知道友军所在的位置，与其取得联系也并非易事。在联系友军之前，首先应该安排好时间，夜晚是逃离敌占区的绝佳时机，争取黎明时到达友军阵地。在黎明还未到来之际，士兵可以先找一个深沟或洞穴就地隐藏起来，黎明来临时，可以通过挥舞白色的衣服或反光的玻璃片，甚至通过叫喊等方式与友军取得联系。当引起友军的注意时，大声告诉他们你的名字和军衔，并请求他们接纳，在获得允许后，方可前往友军阵地。

安全

在战斗时，必须随时注意安全，并不惜一切代价保证自己和战友的安全。以下是一些保证安全的基本原则：

- ●时刻保持清醒和警觉。
- ●保持合体的着装，随时准备战斗。
- ●武器不使用时，将其妥善保管。
- ●使武器装备随时保持良好的状态。
- ●使用伪装。
- ●尽量不要四处移动，保持安静。
- ●尽量在我军控制线以内侦察敌情。
- ●尽量不使用灯光。
- ●不要将行动计划写在地图上。
- ●不要将写有行动计划或安排的便条或文件带进战场。
- ●不要将个人物品带进战场。
- ●不要随处乱扔垃圾。
- ●将武器装备固定好，防止因碰撞发出声响。
- ●严格使用口令进行盘问和应答。
- ●不要将军事信息泄露给陌生人。
- ●牢记士兵行动手册的各种要求。

第 15 章

武器和火力控制

作为一名士兵，必须知道如何使用武器和控制火力。本部分的内容包括，武器的操作和开火时的注意事项以及火力控制。

关键词: 弹道 开火注意事项 火力分配 射程 火力控制

弹道特性

弹道是指弹头从击发到击中目标这个过程中飞行的轨迹。弹道分为内弹道和外弹道，内弹道为弹头在管身内的运动轨迹；外弹道为离开管身后飞行的轨迹。在本部分中，所指弹道均为外弹道。

在300米距离内，步枪的弹道几乎是平直的。随着射程的增加，射手必须要抬高枪口，以达到子弹的"落点"准确的目的。

榴弹发射器与步枪弹道相比，由于出膛速度低，榴弹发射器所需的弹道要更高。但在150米内，依然能射出一条平直的弹道。要射击150米到350米距离的目标，必须将榴弹发射器的射击俯仰角抬高20°，由此也升高了弹道并延长了榴弹击中目标所需的时间。远距离引起的时间延长以及弹道升高可能导致榴弹的运动方向偏离预定目标，这需要引起榴弹射手注意并采取相应的补救措施。

危险区

危险区是指武器向目标射出弹药后，弹道还未升至人站立时的平均高度（1.8米，欧美标准）时所对应的区域。此外，危险区包括命中区。

死角

在武器的射程内，但武器的弹道又无法到达的区域叫作死角。

死角

▲ 死角。

集束弹道

集束弹道是由全自动射击时弹头轨迹形成的。由于武器的震动、天气因素以及弹药差异，每发弹药的弹道轨迹也不尽相同，这一系列弹头的弹道形成了一个锥形，即为集束弹道。

集束弹道

▲ 集束弹道。

命中区

形成集束弹道的弹药落在地面上时覆盖的区域，叫作命中区。

命中区

▲ 命中区。

杀伤半径

杀伤半径是指弹药打击的范围。在此范围内，士兵会因为弹药的巨大冲击波或飞溅的弹片致死或致伤。

射击的分类

　　根据射击时弹道与地面的距离和射击目标的角度不同，射击可以分为多种类别。根据弹道与地面的距离，射击分为以下两类：

　　●低伸射击：当射出的大部分弹头轨迹与地面距离不足 1 米时，此射击叫作低伸射击。

距离地面1米以下

▲ 低伸射击。

　　●俯仰射击：除命中区末端外，射出的大部分弹头轨迹都高于普通人站立时的高度，此射击叫作俯仰射击。在进行长距离的射击时，由高地向低处射击以及向山坡射击都属于此类。

▲ 俯仰射击。

　　根据射击目标的角度不同，射击分为以下四类：

　　●正面射击：正目标迎头开火。

▲ 正面射击。

●侧翼射击：正对目标的侧翼开火。

▲ 侧翼射击。

●斜向射击：与敌人行进方向成 45° 角的位置射击。

◀斜向射击。

●纵向射击：当命中区的集束弹道轴向与目标区的队列方向一致时的射击叫作纵向射击。纵射既可能是正面射击，也可能是侧翼射击。因为充分利用了命中区，纵向射击的命中率很高。

◀纵向射击。

火力压制

　　火力压制是指利用持续的火力攻击，使对方暂时或长期丧失观察、移动、还击的能力。火力压制可以通过直接或间接手段实现。对敌军施放烟雾，或使其还击效能低下也属于火力压制。

火力分配

　　在对敌军阵地开火时，指挥官会将整个部队的火力进行配置优化，以实现对敌军的有效打击。火力分配的方式分：点打击和面打击。

　　●点打击，是指士兵对同一目标点进行射击，例如：以整个作战小队的火力向一个地堡射击。

▲ 点打击。

　　●面打击，是指士兵对一块目标区域进行覆盖射击。例如：在执行对一排树丛开火的任务时，指挥官会首先将一颗曳光弹射出以标明树丛的射击中点，接着，他会命令其左侧的士兵向树丛射击中点的左区域射击，其右侧士兵则向树丛射击中点的右区域射击。这种射击能够非常迅速、有效地摧毁整个目标区域。

在进行面打击时，士兵射击的方向应是疑似敌军阵地方向而非一个笼统的区域。射击时，士兵首先射击与自己位置相对应的目标区域，接着以初次射击的位置为中心在其周围几米的范围内左右扫射。

指挥官

▲ 面打击。

自动步枪手

由于自动步枪具有自动进弹、连续击发的全自动射击能力，所以一名自动步枪手甚至可以用火力覆盖整个目标区域。射手在使用自动步枪进行连发射击时，其瞄准位应稍低于正常点射状态，这样才能保证尽可能多的弹头命中目标。

机枪手

作为一名机枪手，必须严格按照上级指示，对分配目标进行射击。

反坦克武器手

作为一名反坦克武器手，必须按照上级指示，对分配目标进行射击。反坦克导弹只能用于对装甲目标及其他关键的坚固目标射击，如果没有合适目标出现，反坦克武器手应使用步枪进行射击。

掷弹手

在战斗时，掷弹手应该将第一个手榴弹或枪榴弹向目标中心投掷或发射，接着再向目标其他位置投掷或发射榴弹。

火力控制

在战场上，士兵的开火射击是由其上级控制的。但是，由于战场上十分嘈杂，所以，上级必须使用多种方式传达火控指令。以下列举的是一些常见的传达方式：

声音：声音传达包括利用嗓音，或一些发音设备（如口哨、号角）进行指令的传达。声音信号传达指令一般只适用于短距离，其准确性容易受到距离、战场声音、天气、地形和植被的影响。使用声音传达指令既可以是上级直接对士兵下达命令，也可以由士兵之间相互转达命令。

预先设定好的开火指令：在战斗前，指挥官就可以事先通知士兵，如当敌军行进到某个地点或地形时，即可开始射击。使用这种方式下达指令可以节省时间，因为士兵不必在开火前等候指挥官的命令。

士兵自由射击：情况紧急时，士兵可以在没有上级指令的情况下开火。

标准操作程序 (SOP)：为了减少口头传达的指令，可以使用标准操作程序。该程序是部队每一名士兵都必须掌握的。该程序分为三类：搜寻→开火→核实程序、还击开火程序以及射速程序。任何一个下达开火命令的程序都可以叫作标准操作程序。

以下是搜寻→开火→核实程序的步骤：

●第一步：搜寻你的任务目标区域。

●第二步：射击任何任务目标区域内的目标（使用合适的武器）。

●第三步：在射击时，保持与指挥官的眼神交流以核实射击目标。

还击开火程序是指示士兵在遇到埋伏或受到突袭时应该如何应对。各个作战单位可能采取不同的还击开火程序。

射速程序是指对敌人进行射击的速度的一个规定。尽管射击速度受武器种类的影响很大，但普遍规则是：初次射击时以武器的最大速度射击，然后减缓速度，但依然要对敌军的行动起到震慑作用。这个规则可以保证取得对敌人的震慑的同时弹药不会很快耗尽。

射击命令

为了使士兵明确开火射击的目标和实现对火力的控制，部队指挥官会下达射击命令。

一个完整的射击命令包括以下六个部分：

①警报（提醒射击者）。

②射击方向。

③目标描述。

④距离。

⑤射击方式。

⑥开火命令。

警报：发出警报引起相关人员注意，指挥官会通过直呼士兵名字、军衔或眼神交流等方式提醒相关士兵注意接下来的命令。

射击方向：告诉士兵目标的方位。以下介绍几种指示射击方向的方法：

●指挥官可以直接用手或步枪指向目标方向，这可以让士兵了解目标的大致方位。

●在指挥官指出目标的大致方位后，可以使用曳光弹射击目标的准确位置。

●指挥官还可以使用预先标定的参照物指出目标位置。参照物后紧跟一个数字，以保证描述的准确无误。例如：13号参照物向右50，其意义为"目标在13号参照物向右50米处"。

目标描述：指挥官应该准确简短地描述出目标是什么，例如：树丛中的机枪手。

距离：我军与敌军目标间的距离。通常以"米"为单位。

射击方式：指示谁来执行任务以及射击时使用的弹药数量。例如：指挥官希望某个掷弹手对敌人目标投掷3枚手榴弹，则下达命令"掷弹手，3枚手榴弹"。

开火命令：下达开火命令时，该指令可以直接以口头命令的形式发出，也可以使用视觉或听觉信号。如果指挥官需要控制开火的准确时间，他就会说："听我的口令（稍作停顿，直到一切就绪），开火。"如果只是要求在命令后开火，则会直接下达命令："开火。"

视觉信号是一种最常用的下达开火命令的方式。在确认自己在所有士兵的视野范围内的前提下，指挥官可以通过手势语、挥动手臂等下达开火命令。指挥官可以使用照明弹或烟幕弹等视觉信号来下达开火命令。指挥官也可以先开始射击，以此作为信号，命令士兵也随之射击。

第 16 章

战地应急反装甲策略

在对付敌人的坦克和装甲车辆时,轻型反坦克火箭筒(LAW)、反坦克导弹、地雷以及高爆多功能榴弹等都是非常有效的武器。但是,如果无法获得上述武器,就不得不寻求权宜之计,寻找反装甲武器的替代品。

关键词: 反装甲 替代品 薄弱区域

反装甲武器替代品

为了制作反装甲武器的替代品，必须掌握引爆、引燃的技能。

燃烧装置

这类装置的功能在于干扰敌人的视线，并使敌人装甲车辆着火。车辆一旦着火，会产生大量的浓烟以及高温，如果车辆上的敌人不弃车逃生，很可能会窒息或被烧死。

●燃烧瓶，主要构成为一个易碎的容器、汽油、布条做的引线。具体制作方法为：首先取一个玻璃瓶，然后往其中注入汽油（不可太满，以防投掷时溅出），最后在瓶口塞入布条做的引线即可。注意：引线两端都必须用汽油浸透。使用时，将引线点燃，随后将其掷向敌人车辆，在燃烧瓶破碎的同时，汽油被引燃，燃起的大火会引燃车辆。

以上是最简单的燃烧瓶。如果希望燃烧的附着力更好，可在汽油中掺入一些可提高附着力的东西，诸如机油、黄油、沥青、松香、面粉、黏土等；如果希望火焰不能轻易被扑灭，可在汽油中掺入一些氧化剂，诸如浓硫酸；如果希望火焰温度更高一些，可在玻璃瓶外捆扎一些铝粉或镁粉。这样一来，燃烧瓶

汽油和机油的混合物

▲ 燃烧瓶。

的威力会非常惊人。

●鹰式火球，主要构成为一个弹药盒、汽油机油混合物、白磷手雷、导火索、带子、火雷管、引燃器以及一个抓钩（如果没有抓钩，可用弯曲的铁钉替代）。具体制作方法为：首先，往弹药盒里注入汽油与机油的混合物。然后，将导火索缠绕在手雷上，并将火雷管固定在导火索的末端。接下来，将处理好的手雷也放进弹药盒，确保手雷上捆扎的导火索露出罐子，如果弹药盒需要封闭，可在盒顶钻一个小孔，将手雷上的导火索穿过小孔露在弹药盒外侧。最后，在盒子上安装一个抓钩或几枚弯曲的铁钉。使用时，拉燃引燃器后，依靠盒子上的

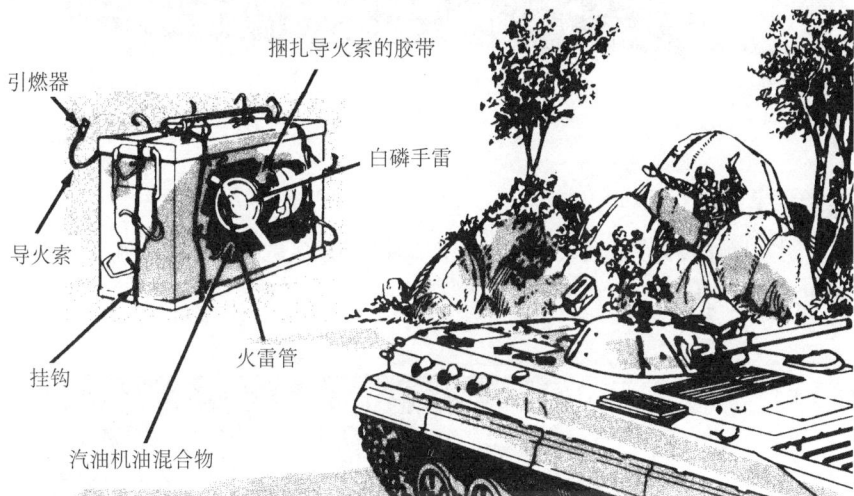

引燃器
捆扎导火索的胶带
白磷手雷
导火索
挂钩
火雷管
汽油机油混合物

▲鹰式火球。

抓钩或弯钉将其固定在敌人车辆上。

●鹰式燃烧袋，主要构成为一个塑料或橡胶袋（如防水袋），汽油机油混合物、烟幕弹、高爆枪榴弹、带子、绳索。具体制作方法为：首先，向袋子里面注入汽油机油混合物，然后，将袋子的末端用带子或绳索扎紧，接着，将烟幕弹和高爆枪榴弹用绳索或带子捆绑在袋子上，注意需留出榴弹的保险杆，不要将其捆绑住，最后，将一根绳子系在两个保险杆上。在掷出燃烧袋的同时，拉动绳子，

拽出榴弹的保险杆。

装在塑料袋中的汽油机油混合物

燃烧手榴弹

烟雾弹

胶带

▲鹰式燃烧袋。

爆炸装置

可用爆炸装置攻击敌人坦克和装甲车辆的薄弱区域,引起损坏或弹药诱爆,实现对敌人的打击。

TNT

▲陶式药包。

●陶式药包，其主要构成为绳索、地雷或炸药、电子起爆雷管、带子、引爆电线。具体制作方法为：首先，用绳索将几个反坦克地雷捆绑在一起，如果没有地雷，可以使用 10 到 20 千克炸药组成的板式装包；然后，将一根绳索的一端固定在敌人将要通过道路的一侧。另一端则穿过道路固定在安全区域，在安全区域放置着陶式药包。在每一枚地雷或板式药包上固定一个电子引爆装置，并将整个系统与引爆电线相连；接着，再将电线与固定于安全区域的绳索连接，并在安全区域对电路进行检查；最后，将电线另一端与电爆机连接。

当敌人坦克或装甲车靠近陶式药包位置时，迅速将药包拉到道路上，这样，在敌人车辆驶上药包的瞬间，将药包引爆。

●杆式药包，其主要构成为绳索、炸药（TNT 或 C4）、火雷管、带子、导火索、引燃器以及一根足够长的木杆。具体制作方法为：首先，将适量的炸药与两个火雷管固定在一起。然后，将炸药捆绑在一个木板或其他平坦的物体上，使用的炸药量由计划摧毁的目标情况决定。最后，将捆绑好的炸药装置固定在木杆上，注意导火索的长度约为 15 厘米。在投掷杆式药包前，拉燃引燃器。杆式药包的最佳投掷位置为：坦克炮塔下方、发动机舱上方、悬挂系统内以及主炮管

▲ 杆式药包。

内（只有当装药的尺寸小到能进入炮管的时候）。

●普通炸药包，其主要构成为炸药（TNT 或 C4）、火雷管、带子、导火索、引燃器以及任何可用的小包（例如空沙袋等）。具体制作方法为：将适量的炸药装入包内，并与两个火雷管固定在一起，接着将包用绳索或带子扎紧即可，捆扎时注意露出引燃器。在将炸药包掷向敌人时，拉燃引燃器。

▲ 普通炸药包。

装甲车辆的薄弱区域

为了在使用应急反坦克武器时能取得满意的打击效果，必须要非常了解装甲车辆。以下介绍的是坦克的薄弱区域：

●悬挂系统。

●燃料箱（尤其是外置式燃料箱）。

●发动机舱。

●坦克炮塔座圈。

●侧翼、顶部和后部的装甲。

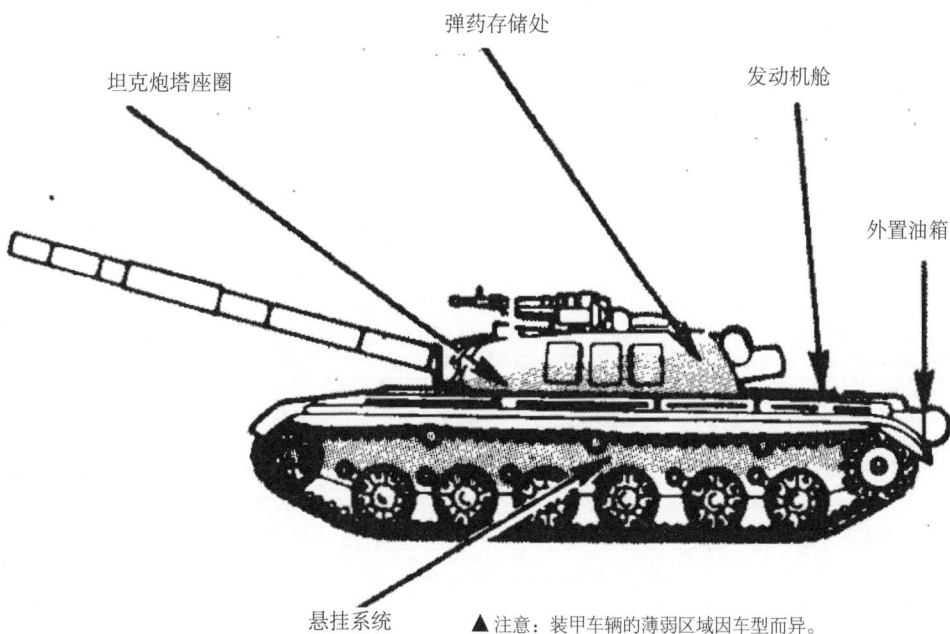

坦克炮塔座圈　　弹药存储处　　发动机舱

外置油箱

悬挂系统　　▲ 注意：装甲车辆的薄弱区域因车型而异。

▼ 坦克顶部为薄弱区域。

第 17 章
射程卡

　　射程卡是用来标识阵地周围地形地物的记录卡。在防御作战时，只要条件允许，就应对班组自动武器、M60 通用机枪、12.7 毫米口径机枪、反坦克导弹、火箭筒和无坐力炮等火器绘制射程卡。

关键词： 射程卡数据 绘制 M60 机枪射程卡 12.7 毫米口径机枪射程卡
反装甲武器射程卡

射程卡内容

射程卡描述了以下信息：

● 射界。

● 最后拦阻线以及主要射击方向。

● 地形特征。

● 武器标识。

● 图廓数据。

反坦克武器的射程卡标注的是目标参考点，而非最后拦阻线以及主要射击方向。

射界

射程卡上要标明每一种枪械的主射界和次射界。只有在主要射界已无目标或上级下达命令时，才能向次要射界的目标物射击。枪械的主射界包括最后拦阻线和主要射击方向或目标参考点（主要为火箭筒、反坦克导弹等器材所用）。

最后拦阻线

如果地形条件允许，指挥官会为士兵分配一条最后拦阻线。敌人进至最后拦阻线内，士兵以低伸火力射击，并发扬最大射击火力。当没有其他射击目标时，通常把枪指向最后拦阻线或主要射击方向。

死角

射程卡上要标明直射武器无法击中的死角，例如：房屋或山坡后方的区域以及沟渠、凹地。

主要射击方向

如果地形地物条件不允许划定最后拦阻线，指挥官会为士兵指定主要射击方向。该方向应该是正对通往士兵所在位置的一个溪谷或沟渠。枪口指向的位置是敌人到达士兵所在位置最可能方向，而非所在连排的防御方向。

目标

在射程卡上，还应该标注指挥官指定的在士兵射界内敌军最有可能出现的区域。

目标参考点

在射界内，可以让士兵快速确定目标的自然的或人造的特征叫作目标参考点。一般来说，目标参考点只用于火箭筒、反坦克导弹等武器。但是，对于普通士兵也应该将其标注出来。

最大接触线

超过最大接触线，士兵便无法有效杀伤目标。最大接触线可能小于武器的射程，主要标注在反装甲武器射程卡上。地形和武器的有效射程决定最大接触线。

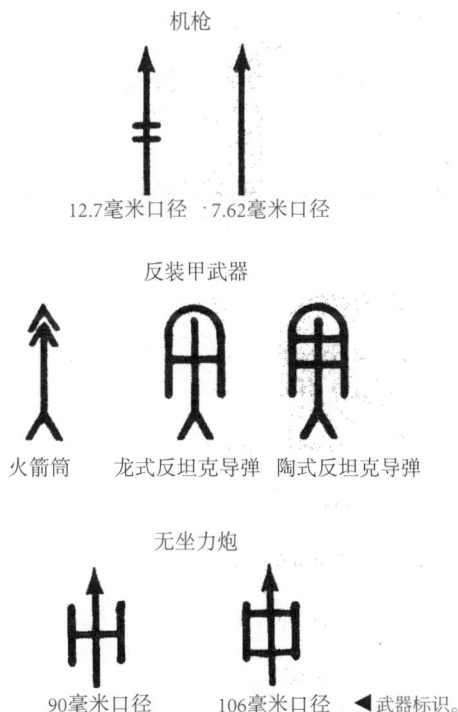

机枪

12.7毫米口径　·7.62毫米口径

反装甲武器

火箭筒　龙式反坦克导弹　陶式反坦克导弹

无坐力炮

90毫米口径　106毫米口径　◀武器标识。

绘制 M60 机枪射程卡

一旦到达作战位置，就应立刻绘制射程卡。绘制 M60 机枪射程卡的步骤为：

● 首先，取用一张白纸进行构思，如何将主要射界和次要射界（如果已分配）清楚完整地表示出来。

● 在白纸上绘制士兵所在位置前方的地形草图，并标出任何自然的或人造的显著物体，这些物体可能会成为日后的目标。

● 将士兵所在位置绘制在草图的底部，不用标明武器标识。

● 使用指南针确定磁北，并将其用箭头符号标注在顶部。

● 填写以下数据：

枪号（或班组编号）。

作战单位（只填写排和连）。

磁北箭头。

● 参照显著的地形特征，如山峰、道路交汇处和建筑物等，确定士兵的武器位置。如果没有显著地形特征，可使用士兵所在位置的八位数字地图坐标系确定武器的位置。如果在距离武器 1000 米以内有一处显著地形特征，可以借助该特征。

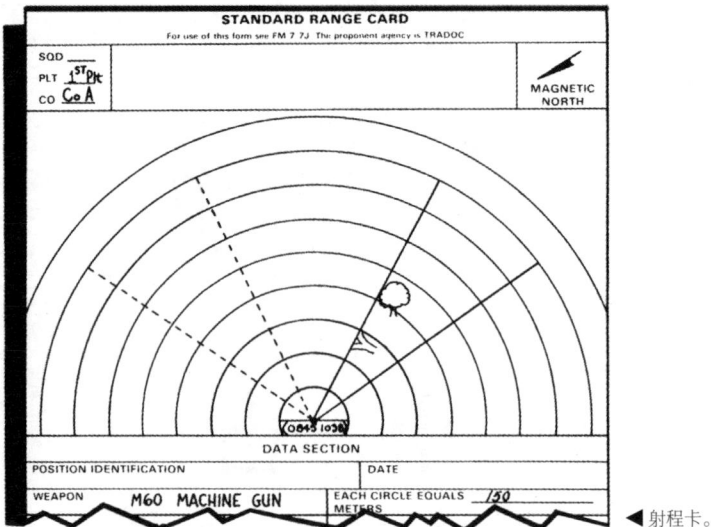

◀ 射程卡。

●使用指南针确定此地形特征到武器位置之间的方位角（以密位为测量角度的单位，加上或减去3200密位则得到武器和该地形特征之间方位角的数据）。

●利用测距法或从地图上算出此地形特征到武器位置之间的距离。

●在射程卡的左下或右下方（根据地形特征的真实方向选择）勾勒出显著地形特征并标注清楚。

●用一根射线将地形特征与武器位置连接起来。

●在射线上方以"米"为单位，标明地形特征与武器位置之间的距离。

●在射线上方以"密位"为单位标注地形特征与武器位置之间的方位角。

标有最后拦阻线的主射界

在射程卡上添加上级指定的最后拦阻线：

●在射程卡上先画出上级指定的主射界。

●再在主射界界限上画出指定的最后拦阻线。

●在确定最后拦阻线上的死角位置时，让战友沿着最后拦阻线探查，边观察边标注低伸火力无法击中的区域，这就是死角。

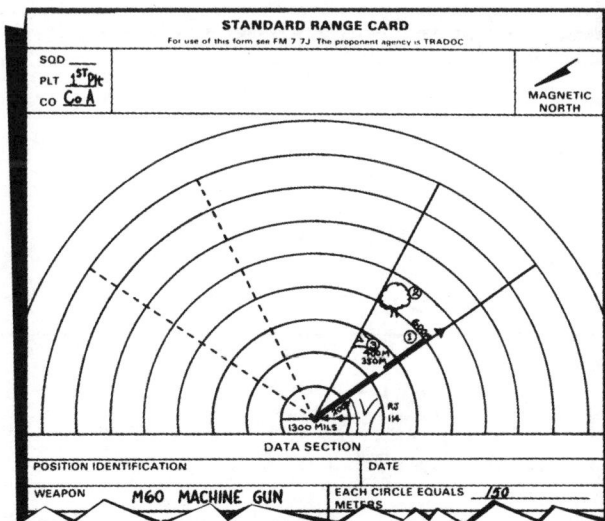

▲ 标有最后拦阻线的主射界。

●在主射界区域上按照优先顺序标出所有目标。

标有主射击方向的主射界

在射程卡上添加上级指定的主要射击方向：

●在射程卡上先画出上级指定的主射界界限，射界不得超过 875 个密位（架设三脚架的 M60 的最大射击扇面）。

◀ 标有主要射击方向的完整射程卡。

◀ 标有最后拦阻线的完整射程卡。

●在主射界内画出目标,并注明武器标识。主要射击方向是最先画出的目标,其他目标根据优先顺序依次画出。

●如果指定了次射界,也需要在射程卡上画出,在用虚线绘制完次射界后,将射界内的所有目标标注出来,并写上到每个目标的距离。如果使用到瞄准桩,也需要标注在射程图上。

M60 射程卡上的数据表

射程卡上的数据表里罗列了很多的重要参数,尽管射程卡的绘制不要求按精确比例,但数据却必须准确无误。数据表的标注位置比较随便,可以标注在射程卡的背面或草图下方的空白处。在标注数据表时,按照以下项目制成表格。

编号	方位	海拔	距离	描述	备注
1		+50/3	600	FPL	-4
2	R 105	+50/40	500	LONE PINE	
3	L 235	0/28	350	TRAIL JUNCTION	W15/L7

▲ 数据表。

备注栏

备注栏用于记录关于目标的一些补充信息,具体步骤为:

●将目标的宽度和长度记录在备注栏里,注意是以"密位"为单位。例如: -4 这个数字表示,只有当枪管高度降低 4 密位,射出的弹药才能落在最后拦阻线以内。

DATA SECTION

WEAPON: 1 / UNIT: 1ST PLT CoA / DATE: | MAGNETIC NORTH

EACH CIRCLE: 150 METERS

NO.	DIRECTION	ELEVATION	RANGE	DESCRIPTION	REMARKS
1		-50/3	600	FPL	-4
2	R105	+50/40	500	LONE PINE	
3	L 235	0/28	350	TRAIL JUNCTION	W15/L7

▲ 完成的数据表。

● 在记录目标的宽度时，记录下来的应该是两个值。如本书第223页的"完成的数据表"所示，三号目标的宽度为15密位。第二个值L7代表的含义是：将枪支瞄准目标后，如果将其向左移动7密位，枪支就会瞄准目标的左侧。

● 如果使用了瞄准桩，也需要将相关数据记录在备注栏。

● 如果枪支是安装在两脚支架上射击，无法确定次射界的数据。

12.7毫米口径机枪的射程卡

12.7毫米口径和M60机枪射程卡的差异：

● 12.7毫米口径机枪的横向移动距离为800密位，而M60机枪横向移动距离为875密位。

● 12.7毫米口径机枪的最大低伸火力为1000米，而M60机枪的最大低伸火力为600米。

● 12.7毫米口径机枪有次射界，但由于该机枪没有两脚架，所以必须要使用瞄准桩进行标注。

反装甲武器的射程卡

反装甲武器射程卡的功能在于，提供反装甲武器火力控制区域的地形地物特征和显著标志物。反坦克导弹、无坐力炮、火箭筒的射程卡绘制程序是相同的。使用射程卡可以帮助士兵准确快速地瞄准其火控区域内的目标。在绘制射程卡之前，上级会指示士兵武器的位置，以达到对指定区域最好的火力控制效果。然后，上级会给士兵划分射界，或根据地形地物特征和方位角指明左界限或右界限。如果情况需要，上级还会给士兵分配主射界和次射界。

绘制射程卡的准备工作

根据各个任务（如准备开火位置，进行必要伪装等）的优先顺序，在得到所有相关信息后，士兵就可以着手绘制射程卡。如果士兵还被指定了其他开火位置，也需要绘制相应的射程卡。

绘制射程卡的步骤

●首先在射程卡下部中心位置画出士兵的武器标识以标明开火位置，并标出磁北方向。

●在射程卡上画出射界内的地形草图，标注道路、桥梁、建筑物、河流、山坡以及树林等。尽量做到准确。

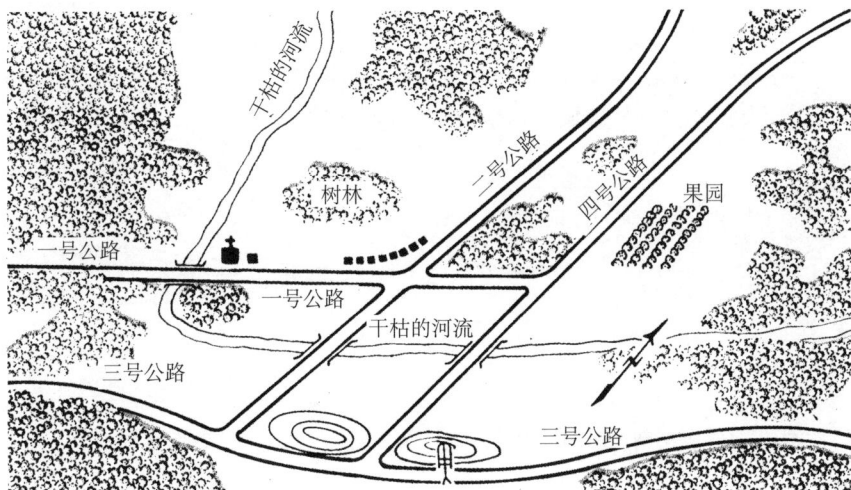

▲ 标明地形特征的反装甲武器射程卡。

●为了标明开火位置，从附近的显著地形处画一根箭头，并标记为"1号"。在该显著地形和开火位置之间标注方位和距离。

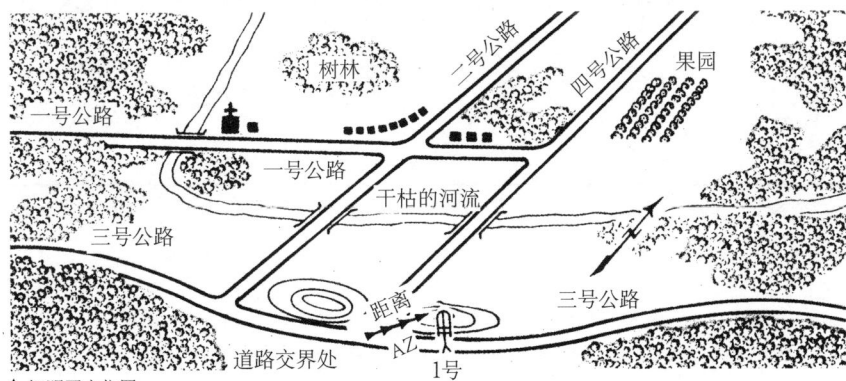

▲ 标明开火位置。

●接着在射程卡上使用封闭线绘制射界。界定射界的线条包括最大射程线，该线表示的是武器能够有效杀伤目标的最远距离。

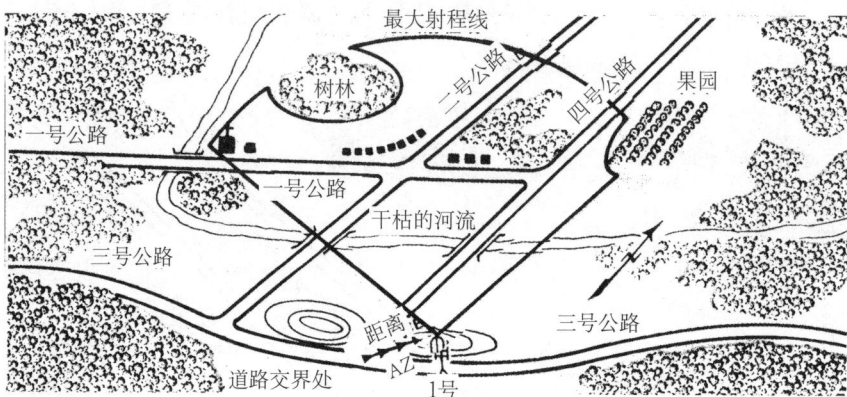

▲ 射界。

●在射界里用封闭线画出死角区域。绘制射程卡时，射界的形状和大小不限。

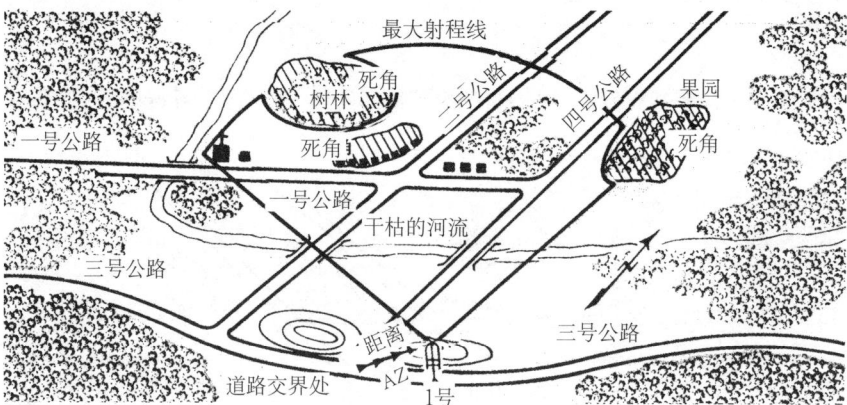

▲ 死角。

●接着，在射界里标注到目标区域和目标参考点的距离和方位角。

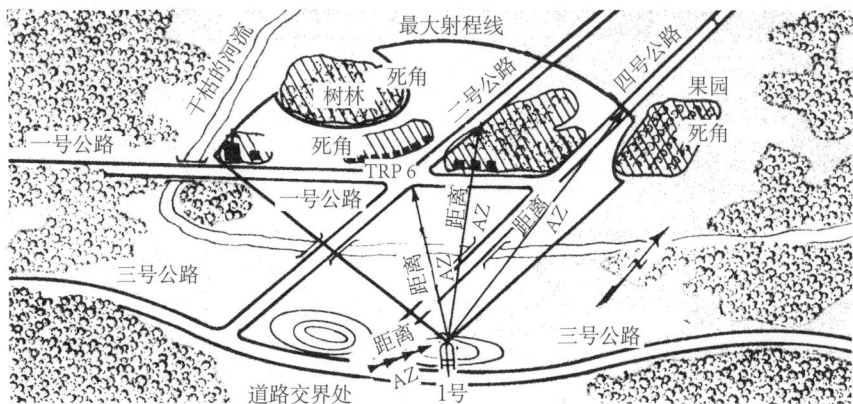

▲ 标注距离和方位角。

●最后填写以下数据：

开火阵地。

单位代号（排）。

日期。

所有反装甲武器射程卡上的基本信息和绘制方法与前文的叙述大同小异。

射程卡一共两份，一份自己使用，一份交给上级为其提供目标区域内的情报。

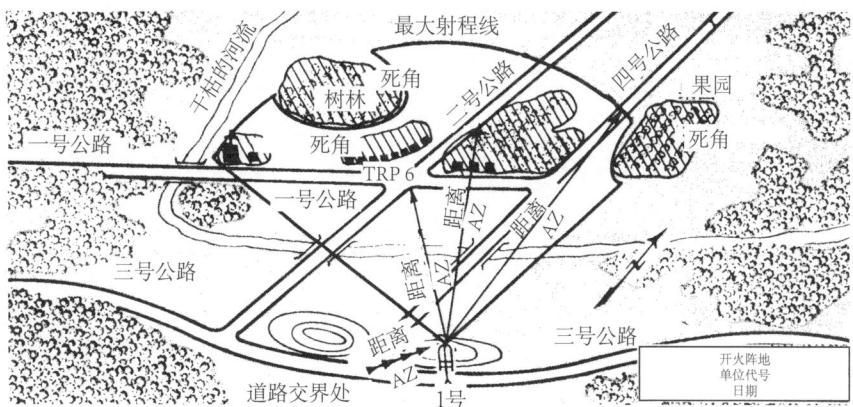

▲ 完整的反装甲武器射程卡。

第18章

格斗

01
摆脱束缚

STEP 1

STEP 2

STEP 3

A

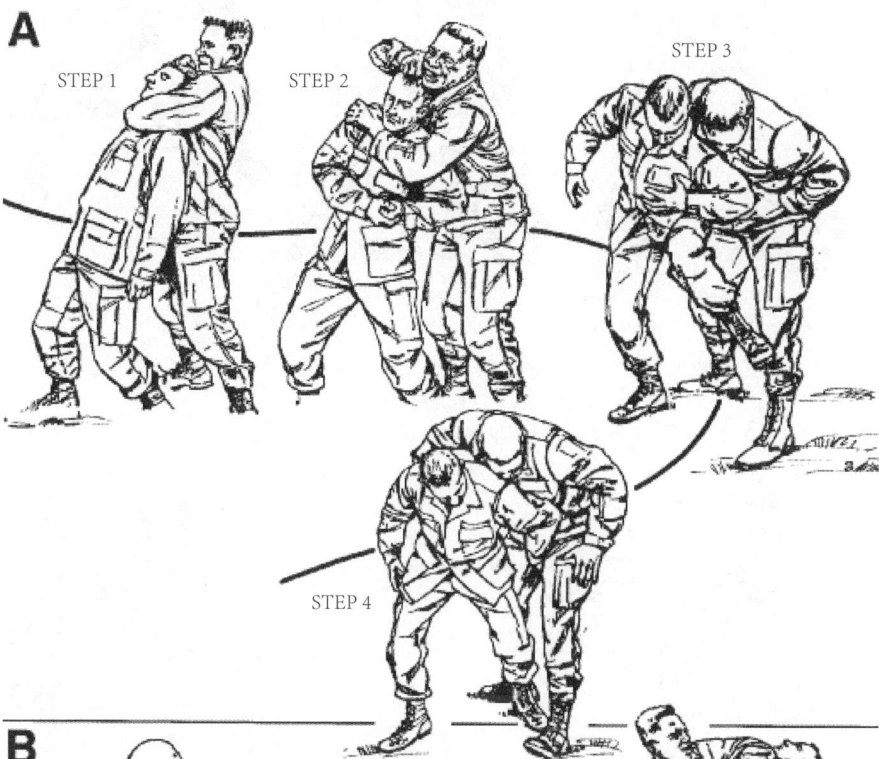

STEP 1

STEP 2

STEP 3

STEP 4

B

STEP 1

STEP 2

STEP 3

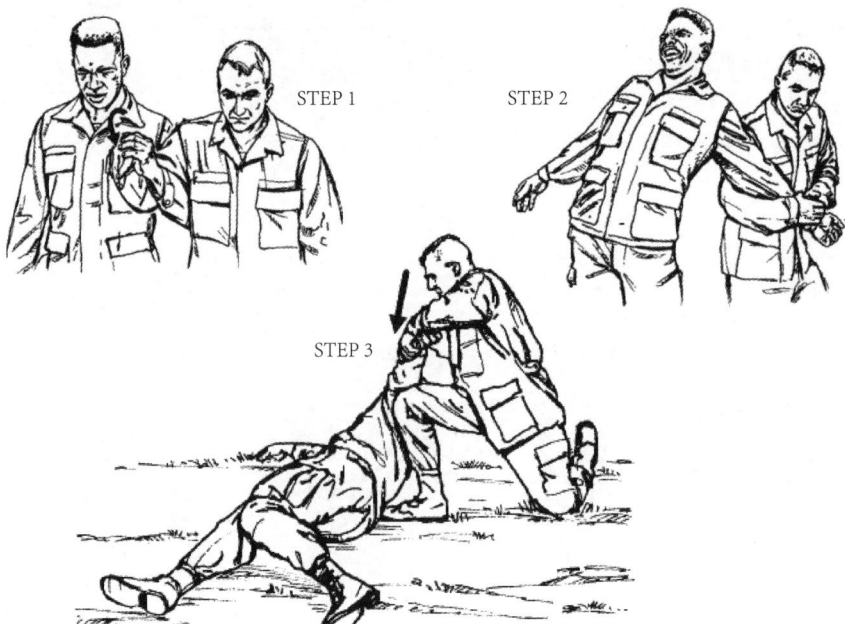

STEP 1

STEP 2

STEP 3

STEP 4

A

STEP 1 STEP 2 STEP 3

B

STEP 1 STEP 2 STEP 3

02
反制抓扯

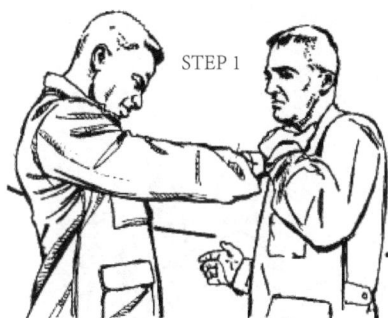

STEP 1

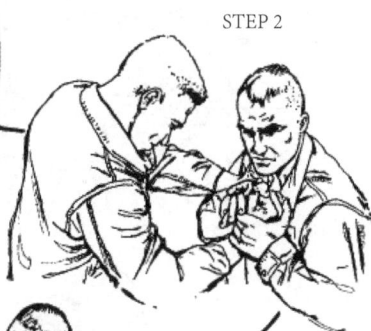

STEP 2

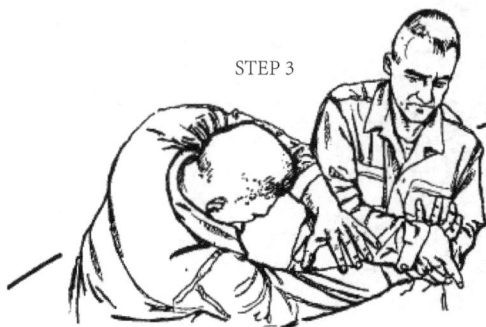

STEP 3

STEP 1

STEP 2

STEP 3

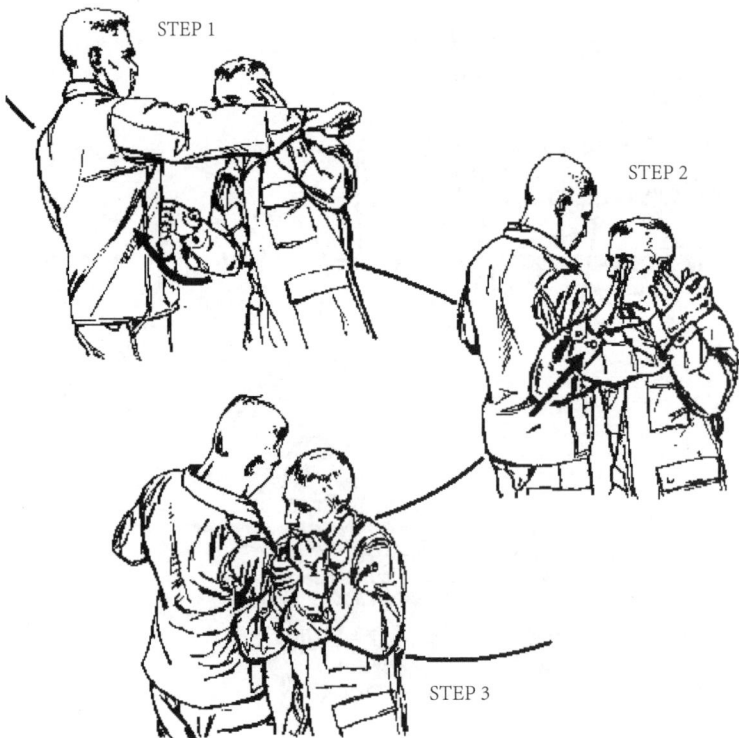

STEP 1

STEP 2

STEP 3

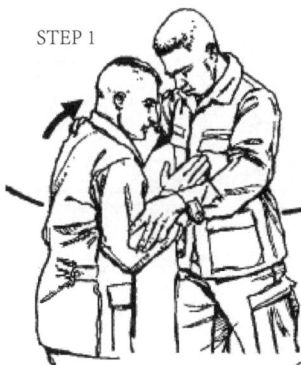

STEP 1

STEP 2

STEP 3

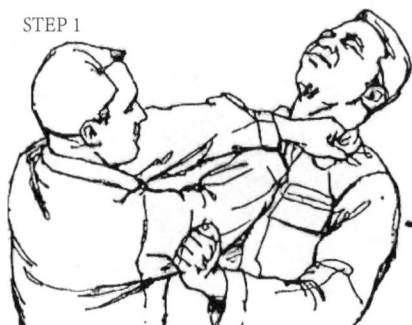

STEP 1

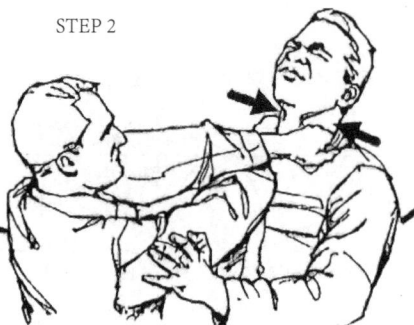

STEP 2

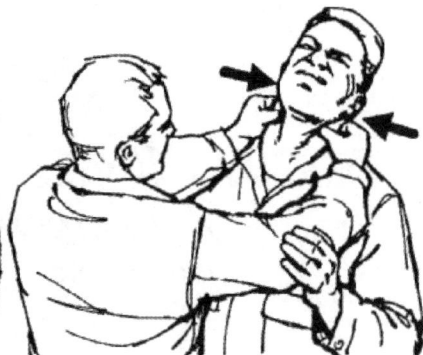

03
肩背摔

STEP 1

STEP 2

STEP 3

STEP 4

STEP 1

STEP 2

STEP 3

STEP 4

STEP 5

04
拇指击打

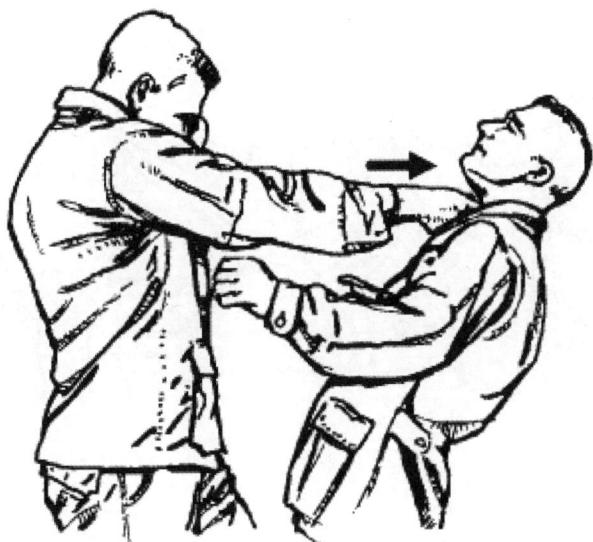

05
拳头击打

06
腿部击打

STEP 1

STEP 2

STEP 3

STEP 1

STEP 2

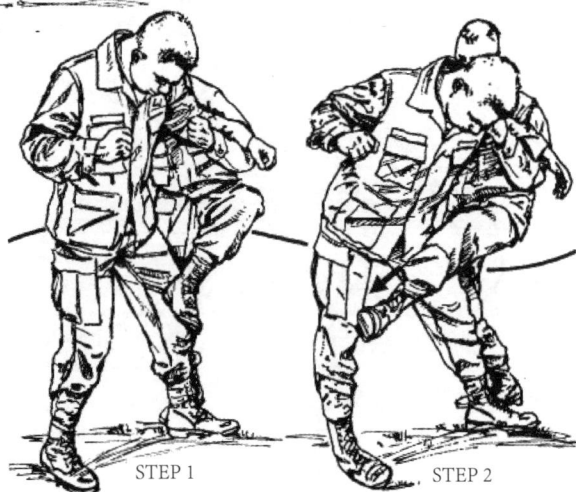

STEP 1

STEP 2

STEP 1

STEP 2

STEP 1

STEP 2

STEP 3

STEP 4

07
膝盖击打

08
掌部击打

09
肘部击打

STEP 1

STEP 2

STEP 3

10
徒手对匕首

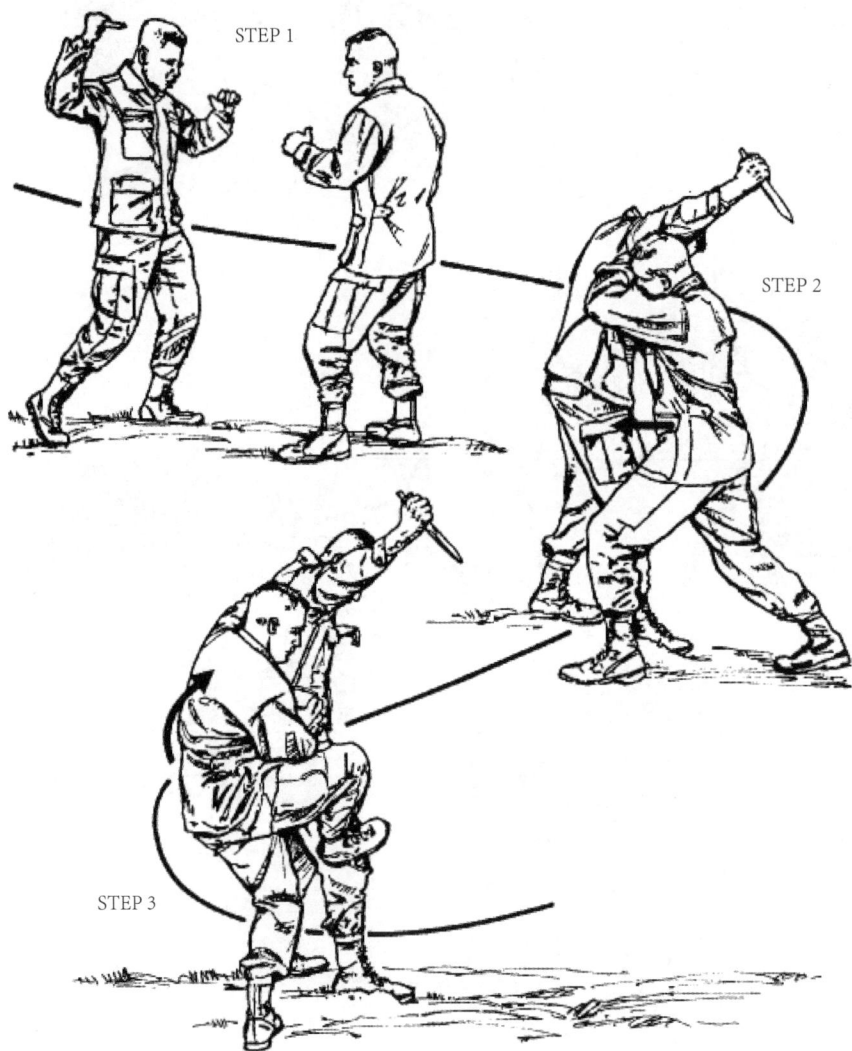

STEP 1

STEP 2

STEP 3

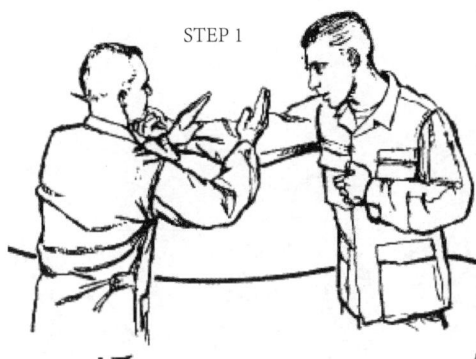

STEP 1

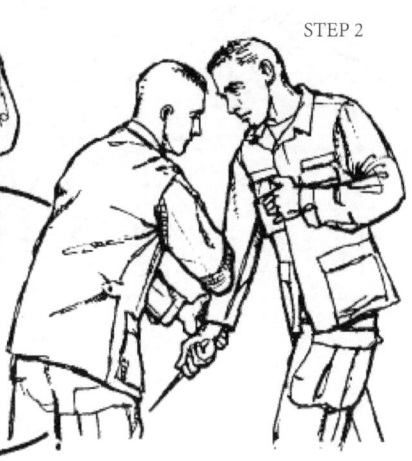

STEP 2

STEP 3

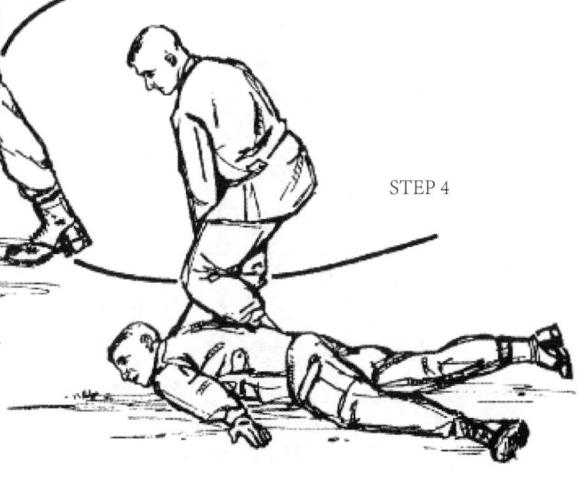

STEP 4

STEP 1

STEP 2

STEP 3

STEP 1

STEP 2

STEP 3

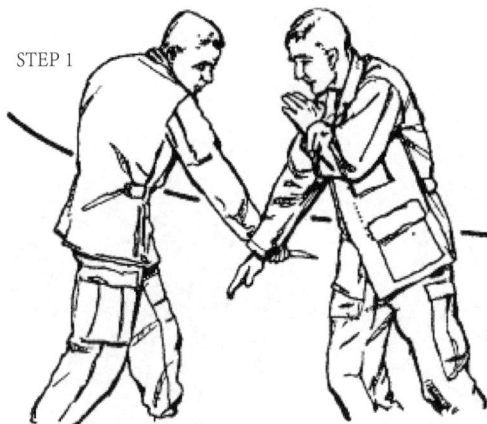

STEP 1

STEP 2

STEP 3

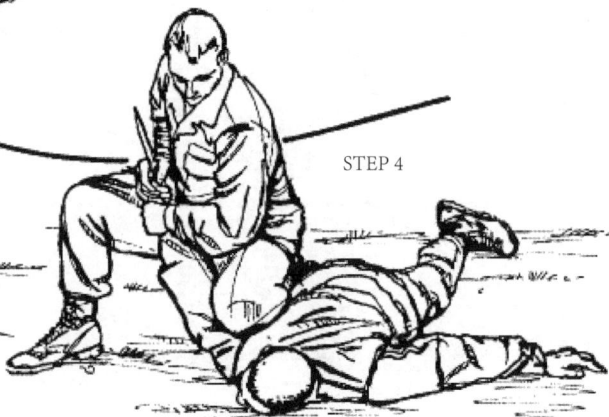

STEP 4

STEP 1

STEP 2

STEP 3

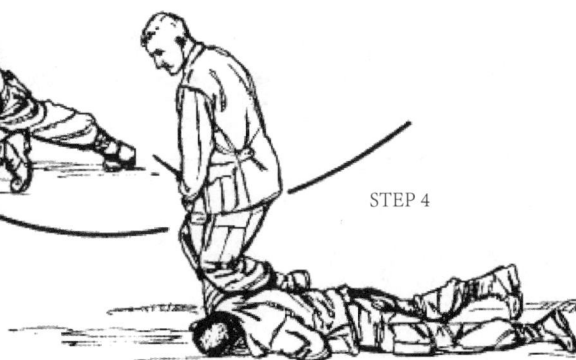

STEP 4

STEP 1

STEP 2

STEP 3

STEP 3

STEP 4

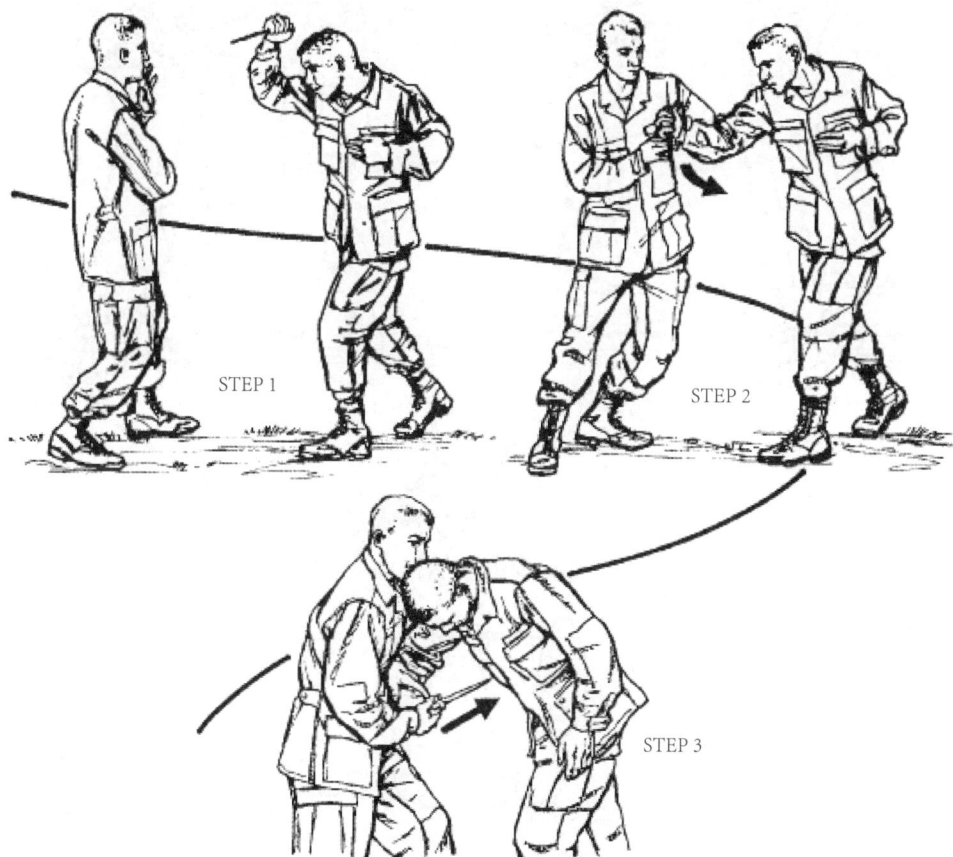

STEP 1

STEP 2

STEP 3

11
徒手对枪刺

STEP 1

STEP 2

STEP 3

STEP 1

STEP 2

STEP 3

STEP 1

STEP 2

STEP 3

STEP 4

STEP 1

STEP 2

STEP 3

STEP 1

STEP 2

STEP 3

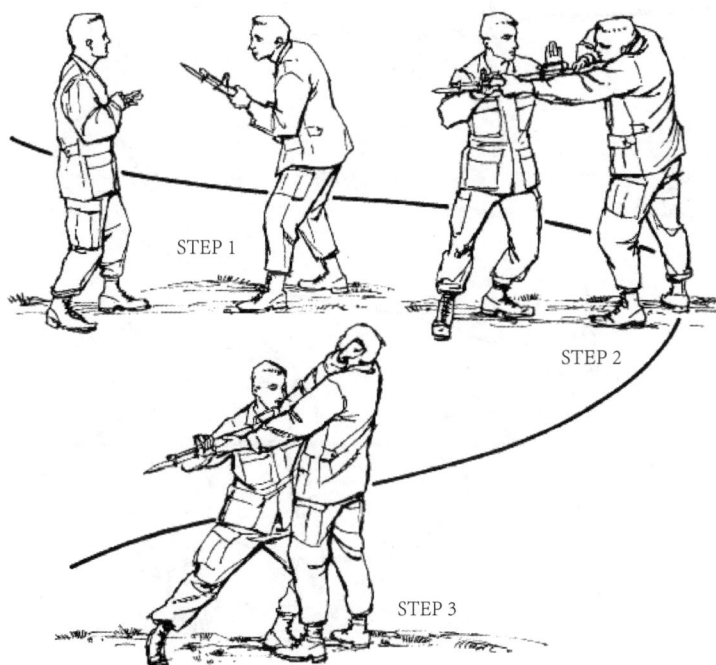

STEP 1

STEP 2

STEP 3

STEP 1

STEP 2

STEP 3

12
匕首对刺

STEP 1

STEP 2

STEP 3

STEP 4

STEP 1

STEP 2

STEP 3

STEP 1

STEP 2

STEP 3

STEP 1

STEP 2

STEP 3

13
木棍对匕首

STEP 1

STEP 2

STEP 3

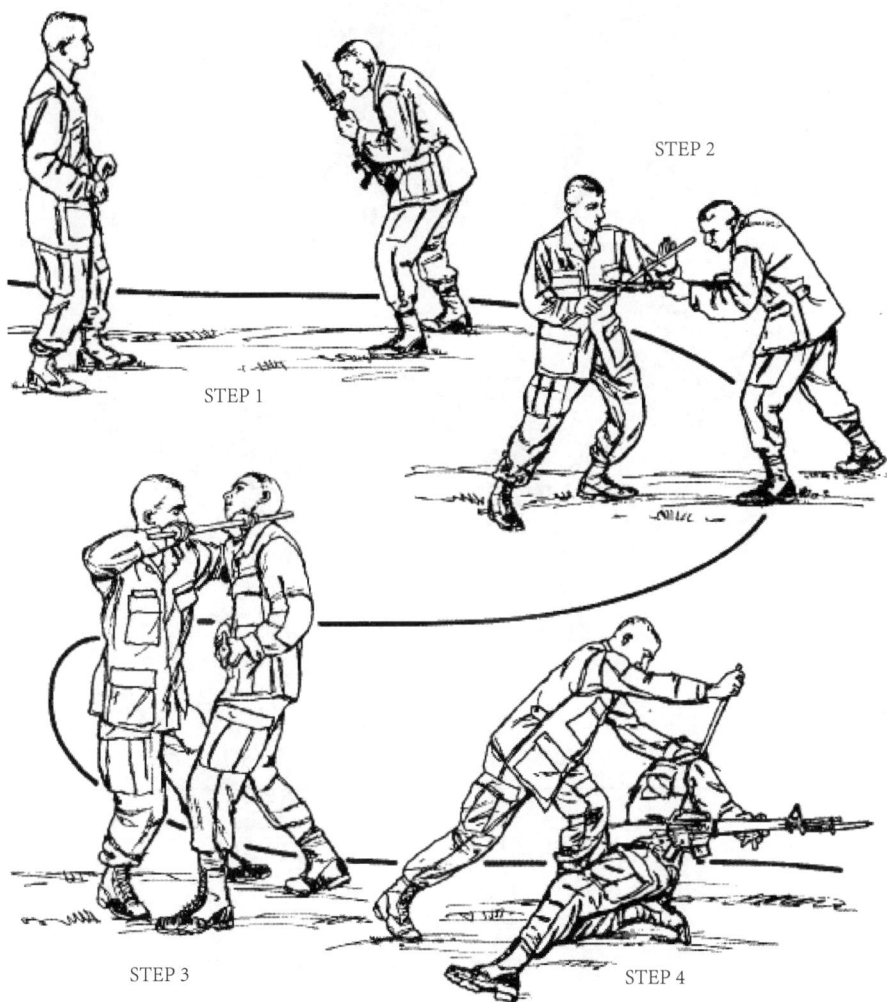

STEP 1

STEP 2

STEP 3

STEP 4

14
枪刺动作

A B

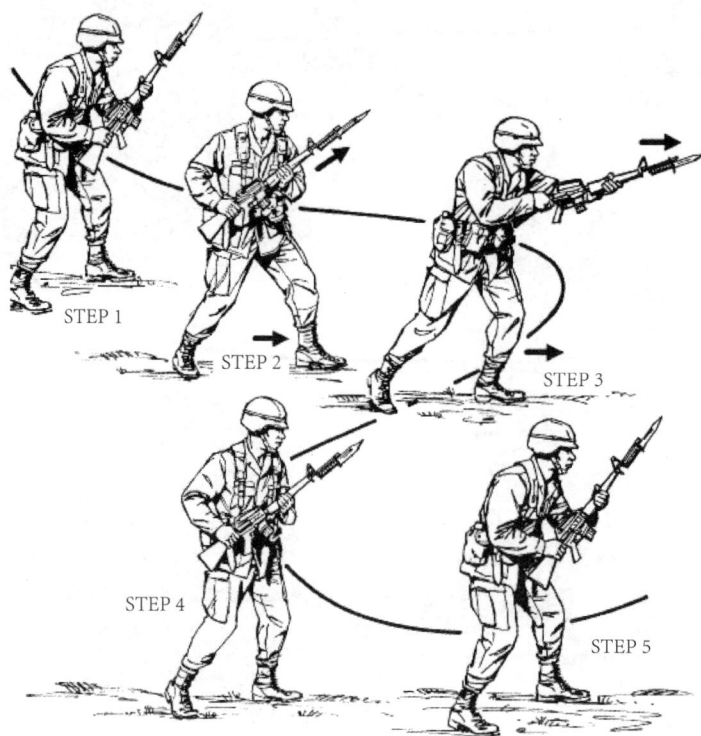

STEP 1

STEP 2

STEP 3

STEP 4

STEP 5

STEP 1   STEP 2   STEP 3   STEP 4

STEP 1   STEP 2

STEP 3   STEP 4

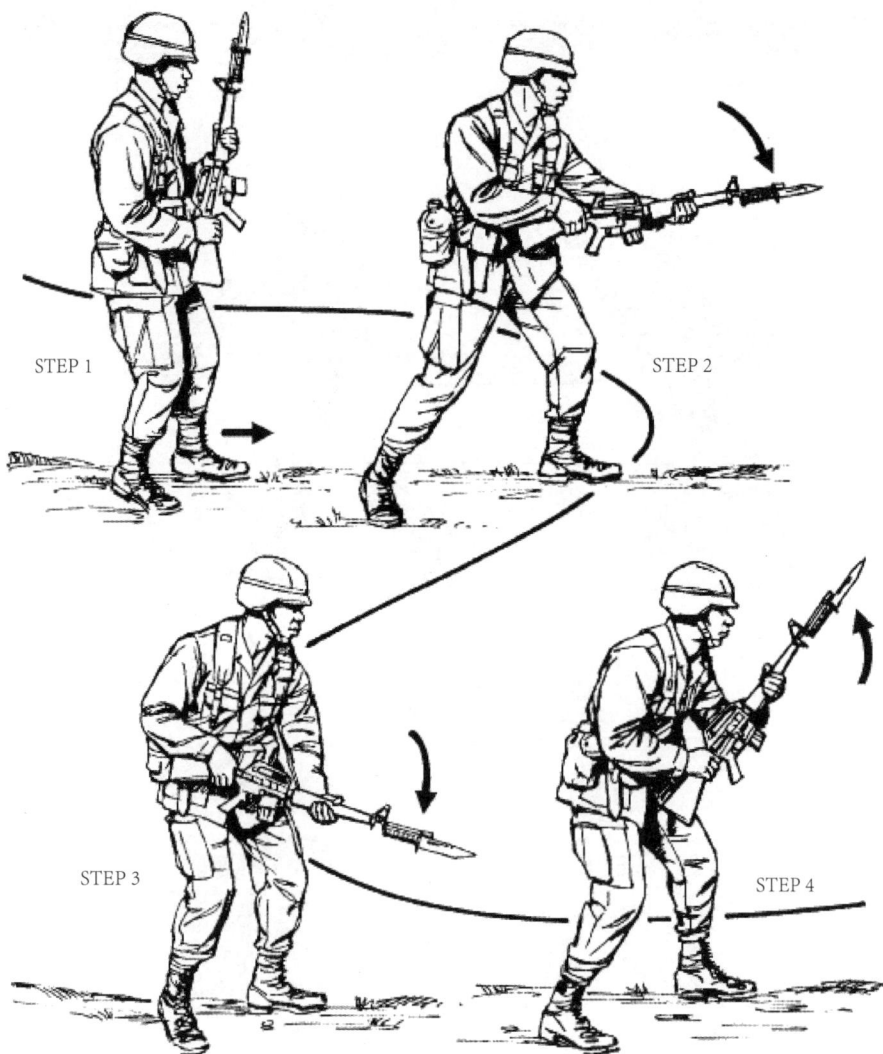

STEP 1

STEP 2

STEP 3

STEP 4

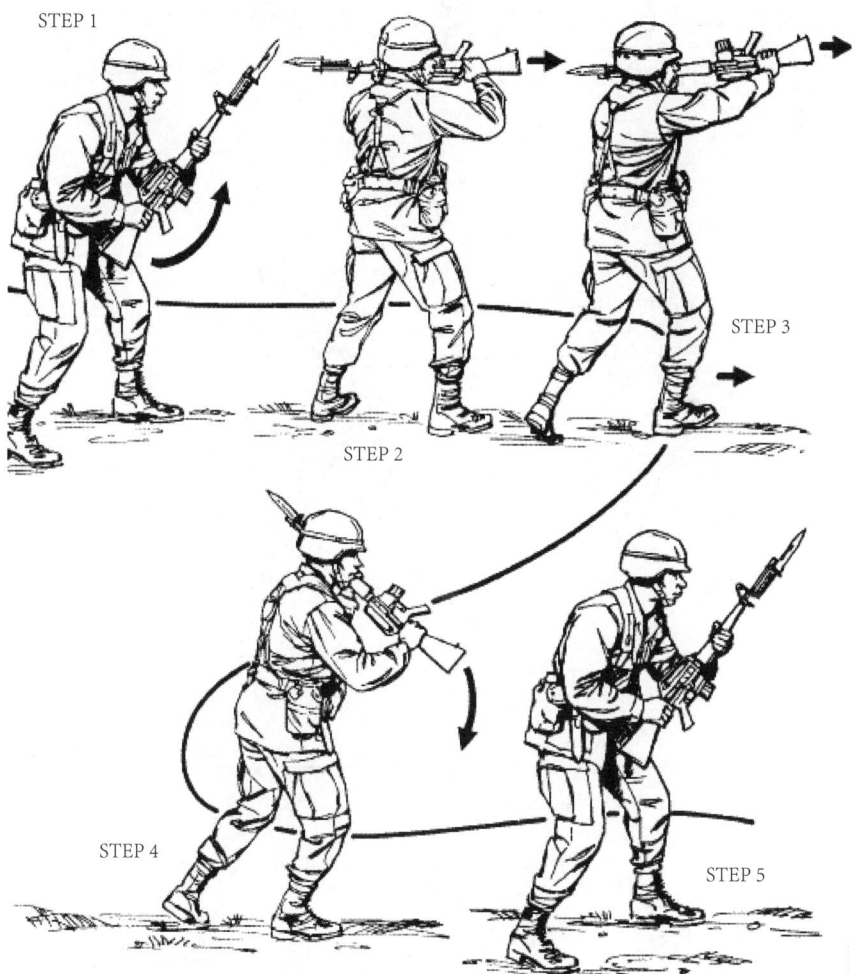

STEP 1

STEP 2

STEP 3

STEP 4

STEP 5

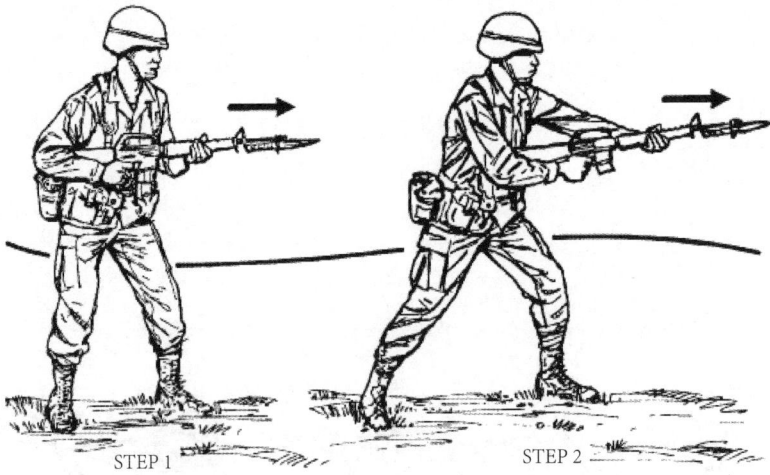

STEP 1 STEP 2

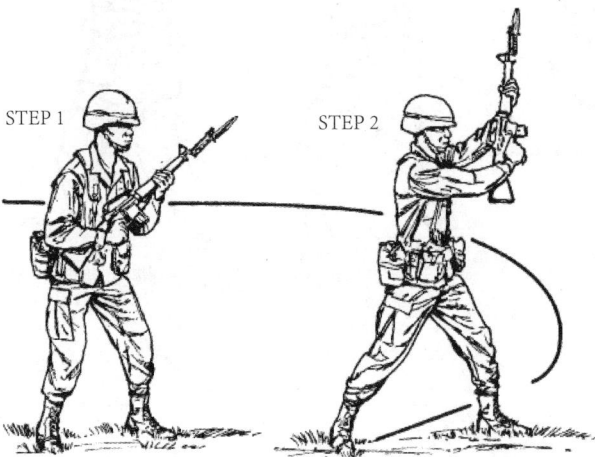

STEP 1 STEP 2

STEP 3 STEP 4

15
枪刺对匕首

16
枪刺对刺

STEP 1

STEP 2

STEP 3

STEP 1

STEP 2

STEP 3

STEP 1

STEP 2

STEP 3

STEP 4

STEP 5

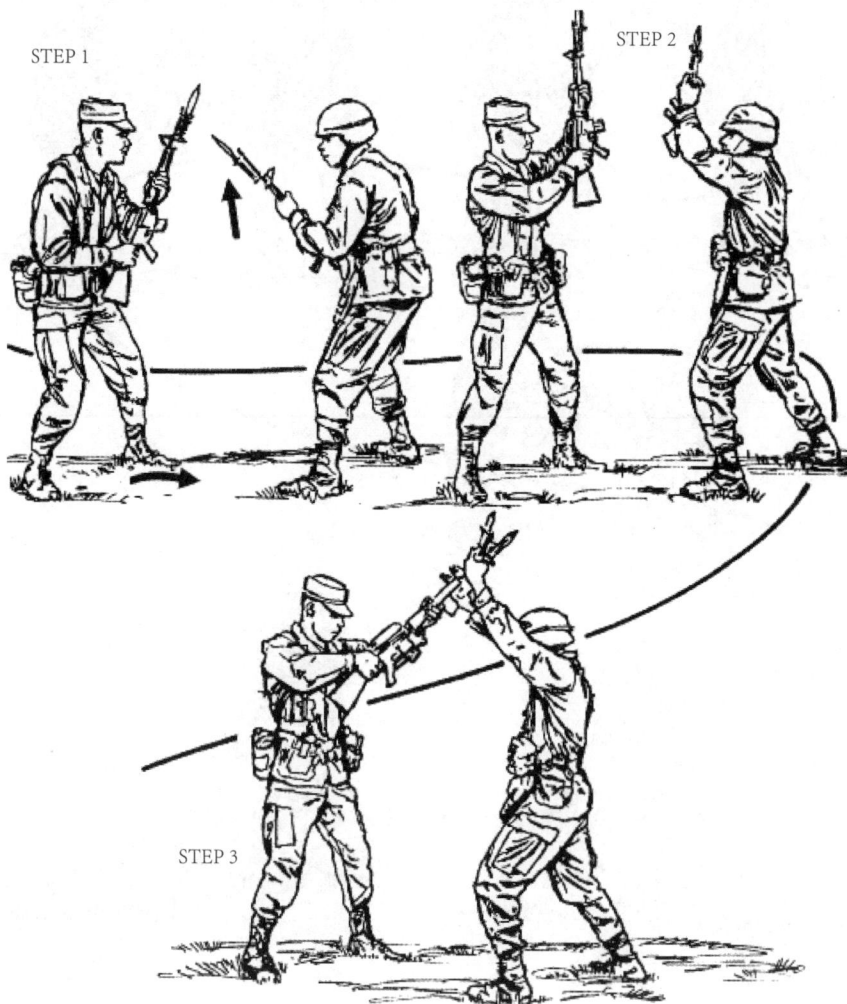

STEP 1

STEP 2

STEP 3

STEP 1

STEP 2

STEP 3

STEP 1

STEP 2

17
铁锹对枪刺

STEP 1

STEP 2

STEP 3

STEP 1

STEP 2

STEP 3

STEP 1

STEP 2

STEP 3

STEP 1

STEP 2

STEP 1

STEP 2

STEP 3

18
绳子对匕首

STEP 1

STEP 2

STEP 3

STEP 4

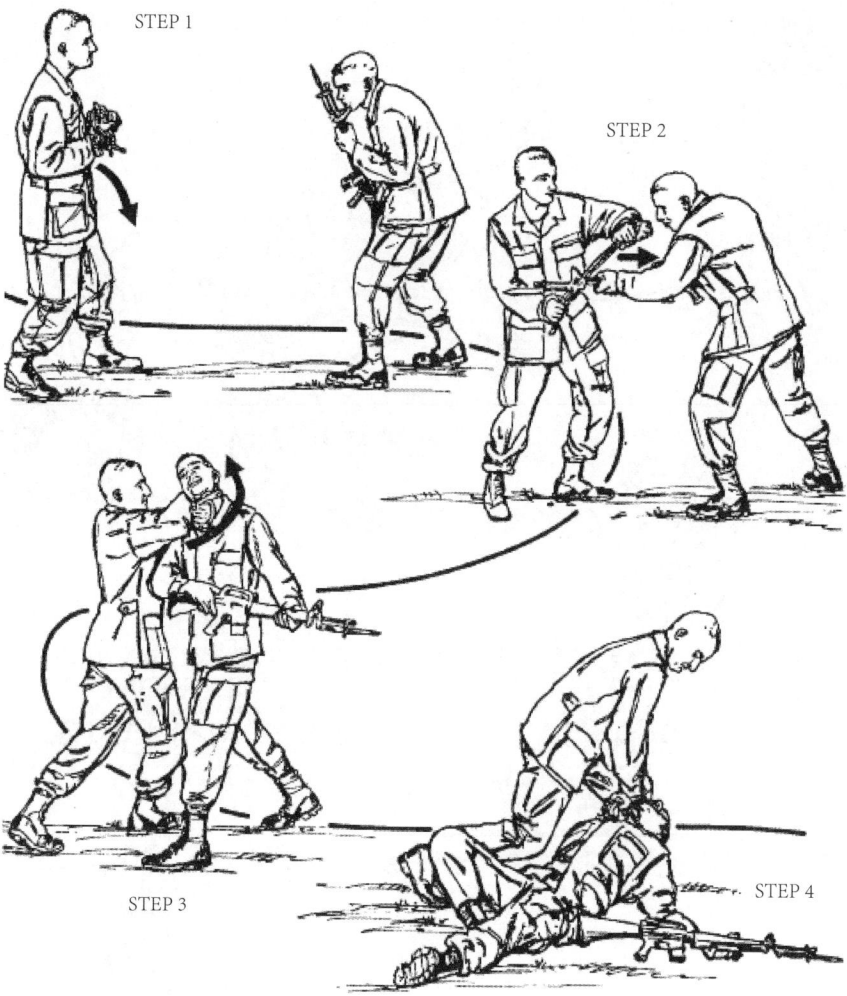

STEP 1

STEP 2

STEP 3

STEP 4

STEP 1

STEP 2

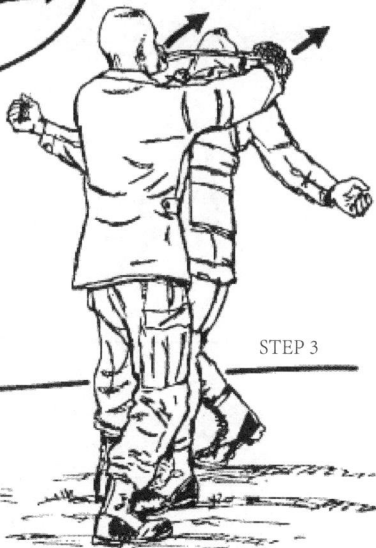

STEP 3

19
背后偷袭

STEP 1

STEP 2

STEP 3

STEP 1

STEP 2

STEP 3

STEP 4

STEP 1

STEP 2

STEP 1

STEP 2

STEP 1

STEP 2

STEP 3

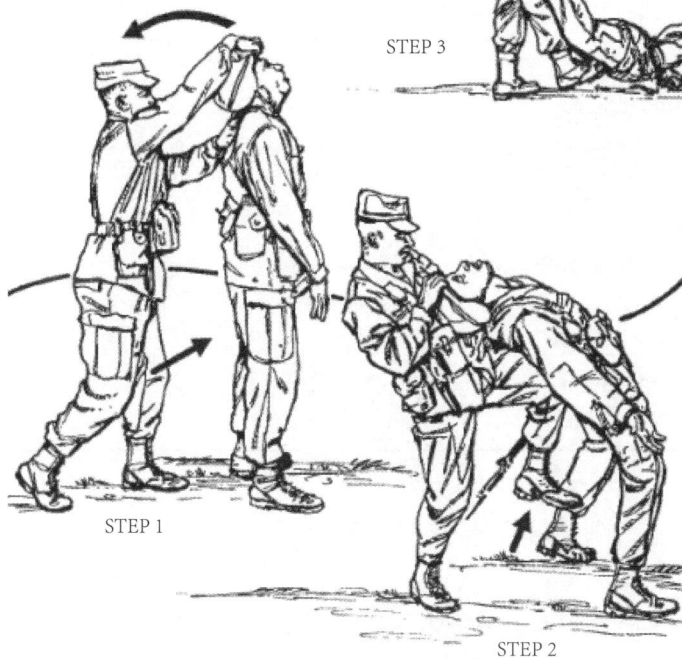

STEP 1

STEP 2

STEP 1

STEP 2

STEP 1

STEP 3

STEP 2